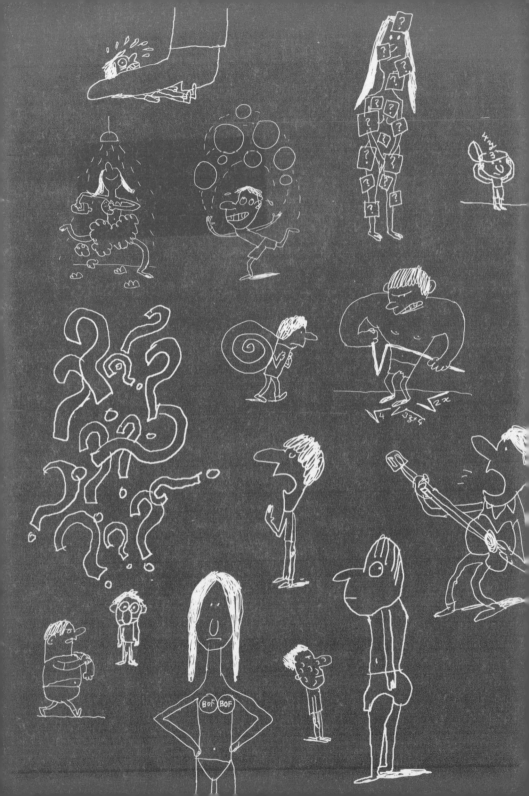

SEXUALITE, ZE BIG QUESTION
· (collection OXYGENE)
written by Magali CLAUSENER
and illustrated by Jacques AZAM

Copyright © Editions De LA MARTINIERE JEUNESSE,
a division of LA MARTINIERE GROUPE, Paris, 2014
Korean Translation Copyright © KAEMAGOWON Co., 2014
All rights reserved.

This Korean edition was published by arrangement with
LA MARTINIERE GROUPE, (Paris)
through Bestun Korea Agency Co., Seoul

청소년을 위한 세상읽기 프로젝트 Why Not? 8

10대를 위한 빨간책

우리는 모두 성적 존재다

마갈리 클로즈네 지음
자크 아잠 그림
오경선 옮김

개마고원

청소년을 위한 세상읽기 프로젝트 _ Why Not? ⑧

10대를 위한 빨간책

2014년 10월 31일 초판 1쇄

지은이 | 마갈리 클로즈네
그린이 | 자크 아잠
옮긴이 | 오경선

디자인 | 모리스
편 집 | 김희중 · 이민재

종 이 | 세종페이퍼
제 작 | 영신사

펴낸이 | 장의덕
펴낸곳 | 도서출판 개마고원
등 록 | 1989년 9월 4일 제2-877호
주 소 | 경기도 고양시 일산동구 호수로 662 삼성라끄빌 1018호
전 화 | 031-907-1012, 1018
팩 스 | 031-907-1044
이메일 | webmaster@kaema.co.kr

ISBN 978-89-5769-280-6 43190
한국어판 ⓒ 개마고원, 2014. Printed in Goyang, Korea

• 파본은 구입하신 서점에서 교환해 드립니다.

차례

서문 ❘ 성에 대한 생각과 태도가 왜 중요한가? •12

Ⅰ 섹스를 한다는 게 무슨 뜻이지?

ㅎ + ♀ = 아기! •16
어이쿠, 부모님도 남자와 여자잖아?! •18
대체 어떤 일이 벌어지는 걸까? •19
저 속은 꽉 차 있어 •22
최고가 승리하기를! •25
수정란은 또 뭐지? •28
누가 내 엄마?! •32
이 속에서 잘 지내 •34
돌보기로 들여다본 아기 •35
하나, 둘, 셋, 힘주세요! •41
아기다! •42

Ⅱ 우리는 모두 성적 존재다

미지의 땅으로 오신 것을 환영합니다 •49
내 팬티 속에는 뭐가 있지? •51
생리가 뭐지? •52
"내가 엄마가 될 수 있다고? 벌써?" •58
작든, 크든, 중간이든, 각자 생긴 대로 •58
거울 속 쟤는 누구? •61
차렷! •64
거기가 완전히 딱딱해졌어! •65
거기가 이상해졌어! •67
잔인한 세상! •70
크기가 마음에 안 들어 •71
정자들은 너무 더워 •73
엄마, 나 가슴 생겼어! •74
그럼 난 언제? •75
사춘기는 어려워 •76
의사 선생님, 안녕하세요! •79

Ⅲ 사랑은 정말 좋은 것

내가 원하는 건 너 •84

1 + 1 = 2 •88

됐어, 난 그거 해봤어! •91

나한테 이게 무슨 일이지? •97

혼자서도 해결할 수 있어 •98

내가 동성애자일까? •100

하룻밤 사랑, 영원한 사랑 •105

난 아기는 원하지 않는데, 어떻게 하지? •107

임신 중절이 뭐지? •116

뭐? 섹스 하다가 병에 걸린다고? •117

B형간염도 위험해! •121

설마… 에이즈? •122

콘돔은 언제 어디서나 •124

Ⅳ 끝나지 않는 모험

천천히 또 천천히 •130

평생 섹스를 한다니, 와! •131

위험! 주의! •133

그건 정말 싫어요! •135

아주 못된 어른들! •137

가까운 사이도 위험! •139

사랑은 정말 아름다워! •142

성에 대한 생각과 태도가 왜 중요한가?

이 문제들 때문에 머릿속이 복잡하네요. 몸이 변하고 있거든
요. 여자애들은 가슴이 부풀어 오릅니다. 남자애들은 몸 여기
저기에서 굵은 털이 보이는군요. 사춘기의 시작이죠. 이 시기에
는 온몸이 변해요. 비로소 여자가 되고, 남자가 되는 거죠. 이
제 여러분은 새로운 감정, 새로운 욕망을 느낍니다. 무엇보다도
자신의 성(性)에 눈을 뜨죠. 또 성생활, 사정, 자위행위, 오르가
슴 같은 말들이 뜻하는 게 뭔지 알고 싶습니다. 남자와 여자가
섹스를 할 때는 '실제로' 어떤 일이 벌어지는 건지 더 알고 싶어
지죠. 하지만 그런 얘기를 어른들에게 하는 건 어렵습니다. 부
모님에게는 더하고요. 친구들이 있지만, 걔들이라고 해서 모든
걸 항상 다 아는 건 아니죠. 그리고 이런 얘기를 꺼낼 수 있는
자리나 기회도 얼마 없어요.

　우리는 그래서 이 책을 썼습니다. 여러분의 머릿속을 도무지
떠나지 않는 그 문제들에 답하려고요. 몸에서 대체 무슨 일이
벌어지고 있는 것인지 더 쉽게 이해할 수 있도록 여러분을 도

우려는 겁니다. 성이란 무엇인지, 여러분에게 성은 어떤 의미가 될 수 있을지, 분명하게, 하지만 좋다 나쁘다 판단하는 일 없이 설명해 볼게요.

섹스를 한다는게 무슨 뜻이지?

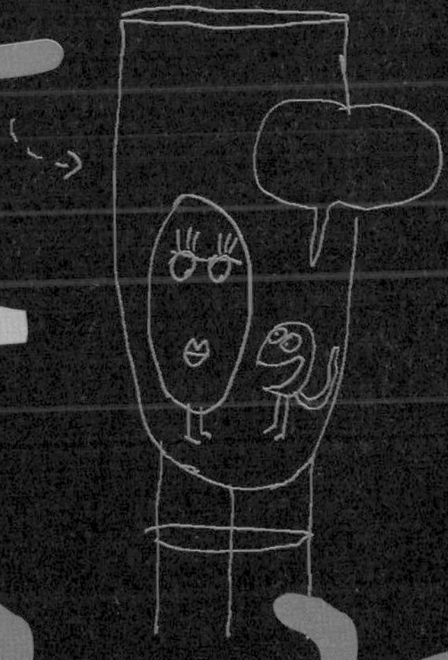

아기

그래요, 여러분들 모두 아기가 어떻게 만들어지는지 알고 있을 겁니다. 여성의 뱃속에서 아기가 자라게 된 건 무슨 기적이 일어나서가 아니죠. 아기가 생기려면 성기가 있어야 하고, 남녀 둘이 성관계를 해야 하죠. 그러니까 섹스가 있어야 아기도 태어날 수 있다는 거, 이제는 다 알죠. 하지만 남자와 여자가 성관계를 할 때 정말 둘이 하는 일은 상상하기 어려울지도 몰라요. 그런데, 그게 행위 자체만 보면 꽤나 단순합니다. 남자가 자기 성기를 여자의 질 속으로 밀어 넣는 거죠. 우리는 이 행위를 '삽입'이라 부릅니다. 하지만 삽입이 전부는 아니죠. 성관계에는 삽입 전후에, 그리고 도중에 남자와 여자가 주고받는 키스와 애무가 다 포함됩니다.

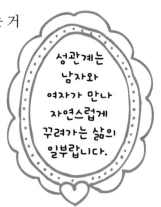

성관계는 남자와 여자가 만나 자연스럽게 끌려가는 삶의 일부랍니다.

성관계는 중요한 일입니다. 일단 쾌감을 주니까요. 서로 사랑하는 마음을 몸으로 말하는 거라고 할까요, 말하지 않고도 교감하게 해줍니다. 그러니까 주변에서 성과 성생활에 대한 이야기가 괜히 많이 들리는 게 아니죠. 성관계는 인간 삶에 필수적인 행위입니다. 아이를 낳아야 인류가 이어져 갈 수 있으니까요. 사실 아주 간단한 거예요. 성관계가 없다면 임신도 없고, 출생도 없고, 자식도 없고, 그러니까 삶도 없겠죠.

남자와 여자가 아이를 낳겠다고 결심하는 것, 그건 진정 대단한 선택이라 할 수 있습니다. 그들은 서로 사랑하며, 육체와 삶을 초월하는 사랑의 역사를 일구려 합니다. 자신들이 직접 생명을 낳으려는 거죠. 본능적으로 '번식'을 원하고, 자신과 같은 또 하나의 사람을 만들어내고 싶기 때문에 그렇게 하는 겁니다. 그런가 하면, 때로는 이유 없이 아이를 원하기도 해요. 예를 들면, 내 부모님 옆에서 자신도 보란듯이 부모가 되어 보겠다는 거죠. 그렇게 스스로 부모가 돼서, 부모님과 함께했던 것과는 다른 삶의 이야기를 자기 아이와 함께 만들어 보려는 겁니다.

분명한 이유로든 무의식적인 이유로든 아이를 갖는다는 건 남자와 여자 모두에게 전혀 경험해보지 못한 세계로 가는 모험에

가깝습니다. 그리고 모험은
몸속에서부터 시작되지요.

사춘기가 되면
사춘기 호르몬이
일시에 활발하게
깨어납니다!

살다 보면, 사람 사이의
만남이 인생에서 아주 중요
하다는 걸 쉽게 알 수 있습
니다. 여러분 자신도 부모님
의 아주 특별한 만남으로 태어났고요. 더 자세히 얘기해 볼까
요? 여러분은 또 다른 놀라운 만남으로 잉태된 것이랍니다. 바
로 난자와 정자의 만남이죠.

아주 작은 세포 두 개가 진정한 모험을 해냅니다. 모험을 떠
나려면 인간의 몸속에 깊이 들어가야만 하죠.

대체 어떤 일이
벌어지는 걸까?

이 특별한 모험의 여주인공은 난자이죠. 난자는 여성의 생
식세포입니다. 더 정확히 말하자면 많은 생식세포들 중 하나

죠. 여성의 몸에 있는 두 난소에는 태어나면서부터 30~40만 개의 난자가 저장돼 있습니다. 모든 난자는 '난포'라고 불리는 작은 주머니 속에 '담겨' 있고요. 사춘기가 되기까지 난자들은 마치 깊은 잠에 빠져 있기라도 한 것처럼 줄곧 그 안에 가만히 있습니다.

하지만 희한하게도 사춘기가 되면 잠에서 깨어납니다. 호르몬이 특별한 장치를 가동하기 시작하죠. 바로 생리 주기가 시작하는 겁니다. 보통은 28일 주기로 지속되고 규칙적으로 되풀이됩니다.

이제부터 난자들은 '깨어 있는' 상태가 됩니다. 생리 주기 때마다 두 난소 중 하나에서 한 개의 난자가 성숙해집니다. 달리 말해 크기가 커지는 거죠. 일단 성숙 단계에 이르면 난자는 돌연 난포로부터 튀어나오면서 난소에서 분리되죠. 이것이 배란

난소와 호르몬

난 소: 난자들이 형성되는 두 개의 여성 생식샘으로 이곳에서 난자가 만들어집니다. 난소는 성호르몬도 만듭니다.

호르몬: 난소나 뇌하수체 같은 신체 특정 샘에서 만들어지는 화학 물질입니다. 호르몬은 혈액을 타고 순환하며, 신체 기능에 영향을 미칩니다.

입니다. 난소와 자궁을 잇는 통로인 나팔관의 입구가 난소에서 떨어져 나온 난자를 맞이해줍니다.

　난자 입장에서는 이제부터가 진짜 대단한 모험이 시작되는 겁니다. 난자는 자궁으로 이어지는 이 길고 좁은 관에서 일생을 함께할 정자를 만나게 됩니다.

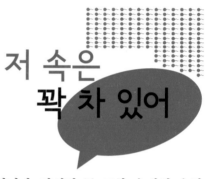

**저 속은
꽉 차 있어**

정자는 남성의 생식세포입니다. 남성의 두 고환 속에서 수억

세정관과 정액

세정관: 세정관은 아주 가늘고 서로 밀착되어 있습니다.
길이는 30~70센티미터이고 '부고환'이라 불리는
긴 관으로 이어지죠. 부고환은 정관 속 정자를
정낭으로 이끄는 일을 합니다.

정 액: 정액은 정관에서 만들어집니다. 이 액체는 정자에
영양분을 제공하고 정자가 이동하는 것을 돕습니다.

개씩 정자가 생산되죠. 여성의 난자와 마찬가지로 정자도 '성
숙해야' 합니다. '세정관'이라 불리는 아주 가는 관 속에
서의 긴 여정을 거쳐 정자는 준비를 마칩니다. 그 뒤에
정자는 '정관'을 통해 고환에서 나옵니다. 정관은 복부
를 가로질러 '정낭'으로 연결되죠. 수억 개의 정자가 도착하여
'정액'이라 불리는 액체 안에 섞이게 되는 곳이 바로 이 정낭입
니다. 정자는 이곳에서 '사정(射精)'을 기다립니다.

　사정은 매우 중요한 순간입니다. 그 순간에 수많은 정자가 헤
엄치고 있는 정액이 남성의 음경을 통해 배출됩니다. 마침내
여성의 몸속으로 스며들어갈 수 있게 되는 것이죠.

★★★★★ 최고가 승리하기를!

곧 만나게 될 난자와 정자가 아직 자기들 집에 머물고 있는 단계에서 난자는 나팔관에, 정자는 정관에 있죠. 이들에게는 다행스럽게도 이야기가 바야흐로 흥분 단계로 접어듭니다. 수정될 준비가 된 난자를 품은 여성은 배출되기만 기다리는 정자를 가진 남성의 품에 안겨 있습니다. 이 둘은 서로 사랑하는 사이죠. 함께 아이를 갖기로 결정할 만큼 매우 사랑하고 있답니다. 이들은 섹스를 할 거예요. 섹스 과정에서 남성은 그의 음경을 여성의 질 속으로 집어넣습니다. 그리고 남성은 사정할 때 1억8000만에서 3억 개의 정자를 여성의 몸속으로 들여보냅니다!

이 수억 개의 생식세포는 여성의 질 속 자궁 입구 근처에 격렬하게 내던져집니다. 대혼란이죠! 하지만

> 남성이 사정을 하면, 이때부터 정자는 시간 싸움이죠!

들에는 '편모'라 불리는 긴 꼬리가 달려 있답니다. 이 꼬리를 이용해 빠르게 이동할 수 있죠. 이렇게 그들은 자궁 속에서 전진합니다. 목적은 단 하나, 저 위 나팔관 속에서 기다리고 있는 단한 개의 난자와 합쳐지는 거예요. 그곳에 도달하기 위해서 정자는 자궁을 통과하고 나팔관 속으로 나아가야만 해요. 진짜 마라톤이죠. 15~18센티미터를 분당 2~3 밀리미터로 주파해야만 합니다!

선착순!

지쳤거나 별로 힘이 없는 정자들은 자궁 안에서 벌어지는 이 격렬한 달리기에서 초반부터 기권하게 됩니다. 또 다른 정자들은 나팔관 입구를 찾지 못하고 길을 잃거나 도태됩니다. 남은 정자들은 부지런히 갈 길을 재촉하죠. 제한 시간이 있으니까요. 난자는 48시간 이상 살 수 없습니다. 하지만 정자는 자궁 안에서 3~6일까지 살 수 있죠.

계속해 나팔관을 향해 오르던 100여 개의 정자들은 별안간 거대한 세포를 코앞에서 맞닥뜨리게 됩니다. 난자입니다! 승리가 가까워진 것일까요? 아직은 아닙니다. 난자에 눈독 들이는 정자들이 너무 많거든요. 난자를 둘러싸고 버둥대는 정자들 가운데 단 하나의 정자만이 난자 내부로 들어가 수정될 수 있답니다.

해냈습니다! 정자 하나가 위업을 달성했군요. 난자 속으로 들어갑니다. 바로 문 앞까지 왔던 다른 정자들에게는 안된 일이지만요. 나머지 정자들은 죽게 될 겁니다. 마라톤은 끝이 났습니다. 두 시간 정도가 걸렸네요.

수정란은 또 뭐지?

하나가 된 정자와 난자는 이제 '수정란'을 이룹니다. 사실 정자 중심부에 있던 핵이 난자 핵과 합쳐진 것이죠. 말하자면 그 두 핵이 하나가 된 것입니다. 수정란은 만들어진 지 3~4일 안에 착상을 위해 자궁으로 이동합니다.

그곳엔 수정란을 기다리는 작고 폭신한 둥지가 있습니다. 자궁내막이라고 하죠. 자궁내막은 수정란을 맞이하고 영양분을 공급하기 위해 발달합니다. 수많은 혈관으로부터 혈액을 가득 받아 채우면서 두터워지죠. 수정란은 이제 이 안전한 곳에서 자라나 아홉 달 뒤면 멋진 아기로 변할 겁니다.

난자와 정자의 만남이 항상 계획한 대로 일어나지는 않습니다. 이유는 아주 다양합니다. 배란이 잘 안 돼서일 수도 있고, 나팔관 모양에 이상 또는 손상이 있어서일 수도 있죠. 정자 수가 턱없이 적거나 정자의 이동 속도가 느려서 그런 경우도 있고요. 그럴 때 '불임'이 되곤 합니다. 그렇지만 현대 의학은 부부에게 불임 문제가 있더라도 아이를 갖도록 도울 수 있답니다. 여성이 불임인 경우 가장 많이 알려진 방법이 시험관 수정이죠.

정자의 수가 충분하지 않거나 이상이 있을 때는 인공 수정을 시도할 수 있습니다. 의사는 남편의 정액을 채취해 여성에게 직접 주입해 수정을 시도합니다. 정자은행의 도움을 받는 경우도 있습니다. 정자은행은 정상적인 남성들이 수태 능력이 없는 남성들에게 정액을 제공하도록 하는 기관입니다. 의사는 정자 제공자의 정액을 여성의 질 속에 주입합니다.

시험관 수정

원리는 단순합니다. 난자와 정자가 자연적으로는 만나지 못하기 때문에 의사가 둘이 만날 수 있도록 돕는 것이죠. 만남은 유리로 된 시험관 속에서 이루어집니다. 의사는 우선 여성의 난소에서 성숙한 난자를 여러 개 채취합니다. 그리고 남성에게서는 그의 정자가 들어 있는 정액을 제공받죠. 마지막으로 의사는 정자와 난자를 시험관 속에서 결합시킵니다. 이렇게 수정이 이루어집니다. 수정란이 형성되고 나면 이후 임신 과정을 진행해가도록 여성의 자궁에 잘 넣어 착상시킵니다.

누구에겐 행복, 누구에겐 불행

성관계를 한다고 다 임신을 하는 건 아니다. 한국에서 결혼한 부부 일곱 쌍 중 한 쌍이 불임 문제를 겪고 있는 것으로 추정된다. 불임으로 인해 병원 치료를 받는 사람들도 점차 늘고 있다. 준비가 다 될 때까지 결혼과 임신을 늦추는 경향과 환경호르몬 및 스트레스가 주된 원인으로 여겨진다.

임신을 원하는 불임 부부들은 주로 시험관 수정이나 인공 수정을 시도한다. 그러나 시험관 수정의 성공률은 약 25~30%, 인공 수정은 15~20% 정도이며 시술에는 상당한 비용이 든다. 시험관 수정의 경우 개인 부담이 200~300만 원에 달한다. 임신이 돼서 출산하기까지 몇 천만 원이 드는 경우도 허다하다.

이런 한편으로 원하지 않는 임신으로 괴로워하는 사람들도 많다. 미혼에 임신이 되거나 경제적 능력이 부족한 부부가 임신을 했을 때 특히 그러한데, 이런 경우 임신 중절을 고민하게 된다. 보건복지부 통계에 따르면 2011년 임신 중절 수술이 약 16만9000건이었다. 그해 태어난 신생아 수는 47만 명이었다. 그리고 차마 수술하지 못하고 태어난 아이를 버리는 이들도 있다. 2013년에 24개월 미만의 아기 220명이 버려진 것으로 신고됐다. 성에 대한 생각과 태도가 중요한 이유는 이렇게 임신의 행/불행 여부를 가르게 될 수도 있기 때문이다.

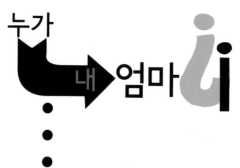

어떤 불임 여성들은 자신을 대신하여 아기를 임신해달라
고 다른 여성에게 도움을 청하기도 합니다. 그렇게 도움을 주
는 여성을 '대리모'라 부르죠. 대리모는 불임부부의 수정란이나
불임 여성의 남편 정자를 받아 아이를 갖습니다. 대리모들은 9

개월간 임신 과정을 거쳐 출산하고 나서 불임부부에게 신생아를 보냅니다. 이 상황은 보통 아주 복잡하기 마련입니다. 대리모가 마음을 바꿔 아이를 안 보내겠다고 하는 일이 벌어지기도 하죠. 자신이 직접 기르겠다면서 말입니다. 이 제도의 또 다른 부정적 측면은 아이에게 자신을 낳아준 '생물학적' 어머니와 길러준 어머니, 이렇게 두 명의 어머니가 생긴다는 것입니다.

　나중에 이렇게 된 이유를 아이에게 설명하는 게 쉽지만은 않을 겁니다. 게다가 대리모들이 그저 아이를 가질 수 없는 부부를 돕겠다는 좋은 마음으로만 그렇게 하는 것도 아닙니다. 돈 때문에 하는 거죠. 미국에서는 임신 기간 동안 편안하게 살 수 있도록 대리모에게 돈을 줍니다. 아니라고는 말해도, 결국 아이를 돈으로 사는 것이죠. 그런데 아이에게 값을 매길 수 있을까요? 생명에 값을 매길 수 있는 걸까요? 프랑스에서는 이 질문에 의사들과 국회의원들이 답을 했어요. 아기의 생명에는 값을 매길 수 없다고요. 이런 이유로 프랑스에서는 '대리모' 제도가 금지되었습니다.

아이의 생명에 값을 매길 수 있나요?

이 속에서 잘 지내

자궁 속에 자리 잡은 우리 수정란 이야기로 돌아가지요. 어떤 방법으로 수정이 되었든 이 수정란의 목표는 인간이 되기 위해 성장하는 것입니다. 모양을 갖추고, 키가 커지고, 살이 붙으려면 총 39주 또는 9개월이 필요합니다.

처음에 수정란은 두 개의 세포로 이루어집니다. 이 두 세포가 네 개로 분열하고, 이 네 개의 세포가 다시 여덟 개로 분열하죠. 이런 식으로 세포분열이 쭉 진행됩니다. 이 세포들의 전체 모양새가 아직까지는 그렇게 인간의 모습을 하고 있지 않기 때문에 의사들은 이것을 '배아(胚芽)'라 부릅니다.

배아는 생김새가 '강낭콩'과 비슷합니다. 그리고 나중에 팔과 다리가 될 네 개의 작은 돌기가 있지요. 척추도 아주 잘 보입니다. 하지만 머리는 아직 잘 보이지 않습니다.

배아는 '양수'라 불리는 액체 속에 떠 있습니다. 양수가 배아를 외부의 충격과 세균으로부터 보호해주죠. 배아는 태반으로부터 영양분을 공급받습니다. 태반은 좀 납작한 케이크처럼 생긴 기관입니다. 자궁벽에 붙어 있고, 예비 신생아와 동시에 발달합니다. 배아는 태반에 탯줄로 연결되어 있습니다. 달이 차면서 배아는 키가 커지고 살이 붙으면서 아기가 됩니다.

돋보기로 들여다본 아기

물론 이 모든 단계는 엄마의 배 속에서 남모르게 진행됩니다. 아기의 성장을 보려면 초음파를 이용하는 수밖에 없습니다. 이 방법으로 엄마 배 속에 있는 아기를 화면으로 볼 수 있지요. 보통 초음파 검사는 임신 이후 세 차례, 3개월마다 실시 합니다. 어느 단계든 초음파 검사는 전혀 위험하지 않습니다. 임신 기간 동안 여러 과정이 정상

초음파 검진은 초음파를 기초로 한 검사법입니다.

적으로 진행되고 있는지, 아기에 심각한 이상이 있지는 않는지 확인하는 것일 뿐이죠.

예비 엄마와 태아의 건강을 확인하기 위해 혈액을 검사하고 혈압을 재는 등의 진단 역시 이뤄집니다.

의사는 때에 따라서 양수 검사를 하기도 합니다. 양수 검사는 배 속의 양수를 뽑아서 합니다. 양수 분석으로 다운증후군이나 낭포성섬유증 같은 유전 질환을 알아낼 수 있답니다.

낭포성섬유증

낭포성섬유증은 폐 관련 질환입니다. 사실 우리들의 몸은 폐 내부의 먼지와 세균을 억제하기 위해 점액 물질을 만들어 냅니다. 그런데 낭포성섬유증 환자들은 그 점액이 너무 많이 만들어져 폐를 막아 버리게 됩니다. 그래서 호흡에 어려움을 겪죠.

다운증후군

다운증후군 아이는 외모에서부터 차이가 납니다. 이 질환은 해가 가면서 정상적으로 이루어져야 할 성장을 방해합니다. 예를 들어 다운증후군 아이는 옷 입기, 밥 먹기, 혼자 다니기 같은 일상적인 행위와 말하기에 어려움을 겪게 됩니다.

임신 1개월, 배아는 5밀리미터 크기입니다. 벌써 심장이 뜁니다.

임신 2개월, 배아의 크기는 3~4센티미터이고 무게는 2~3그램입니다. 위와 장, 배뇨기관이 자리를 잡습니다. 손가락과 발가락이 드러납니다. 이제 얼굴에 눈도 나타납니다.

임신 3개월, 배아는 12센티미터 크기, 무게는 65그램으로 인간의 모습을 갖춥니다. '태아'가 됩니다. 태아의 얼굴이 보이고, 팔다리도 보입니다. 생식기관도 발달했습니다.

임신 4개월, 태아는 20센티미터 크기, 무게는 250그램입니다. 움직임이 갈수록 활발해집니다. 어머니는 아기의 움직임을 느낄 수 있습니다!

임신 5개월, 태아의 키는 30센티미터, 무게는 650그램입니다. 아기의 뇌는 매달 90그램씩 무게를 더해갑니다.

임신 6개월, 태아의 키는 37센티미터, 무게는 1킬로그램입니다. 얼굴 형체가 드러납니다. 눈썹이 보이고 코의 윤곽도 선명합니다. 목

도 길어집니다. 아기는 엄지손가락을 빨고 딸꾹질을 하기도 합니다.

임신 7개월, 아기의 무게는 최소 1.5킬로그램이고 키는 42센티미터 입니다. 아기가 움직이는 것을 임신한 배 바깥쪽에서도 볼 수 있습니다. 조금만 움직여도 엄마의 뱃살이 꿈틀거리죠. 이 단계에서 아기는 바깥에서 나는 소리를 듣습니다. 아기는 태어나면서부터 부모의 목소리를 구별할 수 있습니다.

임신 8개월, 아기의 무게는 2.5킬로그램, 크기는 47센티미터입니다. 세상으로 나올 준비가 거의 다 되었습니다. 아기는 엄마 배 속에서 나올 준비를 하면서 몸을 돌립니다. 이제 머리가 아래쪽을 향하고 있죠.

임신 9개월, 아기의 평균 무게는 3킬로그램, 키는 50센티미터입니다. 엄마 배 속에 갑갑하게 갇혀 있는 상태죠. 이제 바깥세상을 보고, 부모님에게 예쁜 얼굴을 보여줄 시간입니다!

하나, 둘, 셋,
힘주세요!

8개월 하고도 3주 전에 시작된 우리 이야기를 끝냅시다. 아기는 건강합니다. 엄마도요. 출산 예정일이 다가옵니다. 아기의 목표는 단 하나, 엄마의 배 속에서 나오는 겁니다. 아기가 잘 나오도록 엄마 몸도 그동안 쭉 준비를 했답니다. 골반이 '물러진' 상태죠. 하지만 안심하세요, 두부처럼 물러진 건 아니니까요! 그저 아기가 통과할 때 잘 벌어질 수 있을 정도로 유연해진 상태랍니다.

출산 예정일, 엄마의 몸은 아기의 출생을 위한 변화를 겪게 됩니다. 그 놀라운 때가 왔다는 사실을 어떻게 아는 걸까요? 아주 간단합니다. 몸에서 확실한 신호가 오거든요. 자궁이 수축되고 양수가 터집니다.

자궁이 어느 정도 규칙적으로 단단해지는 식으로 수축이 일어납니다. 자궁수축은 매우 일정한 주기로 일어나고 빈번해지며 대개 고통이 동반됩니다. 이때 엄마와 의사들은 출산이 멀지 않다는 것을 알게 됩니다. 자궁수축의 영향으로 양수를 담고 있던 '주머니'가 터져 아기가 그 안에서 나오게 됩니다. 양수는 질을 타고 흘러내립니다.

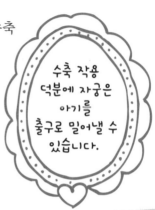

수축 작용 덕분에 자궁은 아기를 출구로 밀어낼 수 있습니다.

양수
아기는 양수 주머니 안에 있습니다. 출산 이전까지 그 속에서 헤엄치죠. 이 주머니가 터져 약 9개월간 아기가 살았던 양수가 흘러나올 때 우리는 "양수가 터졌다"고 말합니다.

아기다!

사실은 자궁뿐 아니라 온몸이 합심하여 아기가 나올 수 있도록 돕습니다. 자궁수축이 일어나면서 임신 기간 내내 굳게 닫

혀 있던 자궁 입구가 아기가 나올 수 있는 길을 만들기 위해 조금씩 열리죠. 이 단계는 엄마가 산부인과로 가서 분만실에 들어가 누워 있는 수 시간 동안 지속됩니다. 자궁 입구가 완전히 열리면, 아기는 자궁에서 머리부터 나오기 시작합니다. 자궁수축이 있을 때마다 아기는 질 쪽으로 조금씩 나아갑니다. 의사는 아기가 엄마의 몸에서 완전히 빠져 나오도록 돕지요.

됐습니다! 아기가 울음을 터뜨리는군요. 아기가 태어나 처음으로 공기로 호흡을 합니다. 우리는 아기의 탯줄을 자르고 씻기고, 몸무게를 재고, 몸 상태가 괜찮은지 확인합니다. 그리고 엄마에게 아기를 안겨주죠. 아빠도 함께 있습니다.

쉿! 아기와 부모가 행복을 만끽하도록 해줍시다. 까치발로 나오자고요.

엄마 아빠와 인사를 마친 아기는 산부인과의 투명 인큐베이터 속에서 편안하게 자고 있습니다. 이 아기는 세상에 둘도 없는 존재입니다. 그 애가 여자애든 남자애든 세상의 그 누구와도 다른, 유일한 모습을 지니고서 말입니다. 그리하여 날마다 자라날 것입니다. 한 여자 또는 한 남자가 되겠죠. 나중에는 성관계도 갖게 될 거고요. 아마 아기도 생기게 될 겁니다. 이렇게 생명의 모험은 계속되는 것이죠.

10대의 임신

청소년들의 몸은 이미 임신할 수 있을 만큼 성숙해 있다. 실제로 임신을 하고 있다. 2013년 서울 지역 청소년(초등, 중등, 고등)을 대상으로 한 서울시청소년문화연구조사에 따르면, 남자 고등학생의 2.6%와 여자 고등학생의 1.2%가 임신 경험이 있다고 답했으며, '모름'이라고 답한 경우도 남녀 각각 2.6%와 1.9%를 차지했다. 성관계 경험이 있는 고등학생들만 놓고 계산하면 그중 13.7%가 임신 경험이 있는 것으로 볼 수 있다. 실제로 성관계와 관련한 청소년들의 가장 큰 고민도 임신 문제였다.

임신을 한 청소년 대다수(약 80%)가 임신 중절을 선택하지만, 실제로 출산으로 이어지기도 한다. 2013년 15~19세 나이의 출산은 1000명당 1.7명꼴이었다. 최근 '리틀맘'이라 불리는 10대 엄마에 대한 지원과 관심이 늘고는 있지만, 아직 준비가 되지 않은 청소년의 임신은 현실에서 미혼모 문제와 빈곤, 영아 유기 등으로 이어질 가능성이 높다.

우리는 모두 성적 존재다

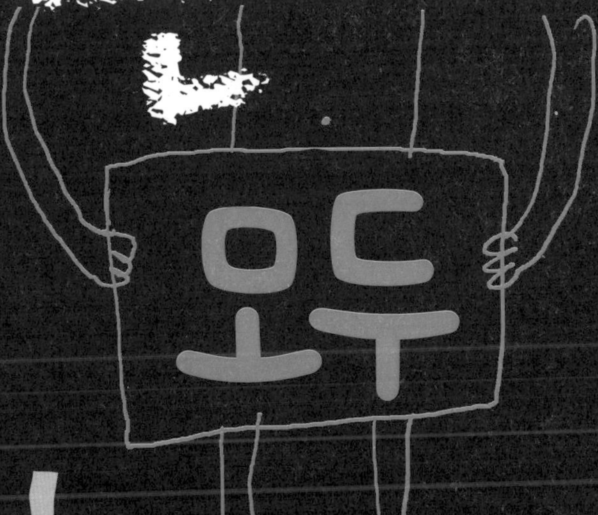

미지의
땅으로 오신 것을
환영합니다

예전에는 여러분이 목욕탕으로 떠밀려 들어갔죠?! 이제는 여러분 스스로 욕실에서 여러 시간을 보내곤 합니다. 달라진 몸을 거울에 비추며 관찰하느라 말이죠.

여러분은 자신이 지금 어떤 상태인지 잘 모를 거예요. 크고 헐렁한 스웨터로 숨겨야 할 만큼 가슴 부피가 불어났죠. 아니라면 반대로 왜 내 가슴은 친구들만큼 빨리 커지지 않을까 생각할 테죠. '왜 나는 생리를 시작하지 않지?' '내 성기에서 나오는 이 투명한 액체는 뭐지?' '왜 왼쪽 가슴이 오른쪽 가슴보다 크지?' '나는 정상일까?' 이런 질문들이 수천 가지는 생깁니다.

의심할 것 없어요. 여러분은 완벽히 정상이에요. 사실 몸의 변화는 몇 년에 걸쳐서 일어납니다. 모든 여자애들이 동시에 몸의 변화를 겪지는 않아요. 그러니까 가슴이 커지지 않는다고 열한 살 생일부터 당황한다거나, 벌써 열세 살인데 아직 생리가 없다고 불안해할 필요는 없어요! 반드시 정해진 나이에 몸이 어떻게 변해야 한다는 그런 기준은 없습니다. 여러분 각자는 세상에 단 하나뿐인 존재이고, 그러니 서로 다른 건 자연스러운 일입니다. 지금 여러분에게 해주는 이야기도 그저 길잡이일 뿐이죠. 신체 변화가 정확히 언제 일어난다고 달력에 적혀있는 건 아니에요.

일반적으로 여자아이들의 몸은 9~10세부터 변화를 시작합니다. 사춘기가 시작되는 것이죠. 몸에서 실제로 일어나는 일은 새로운 호르몬의 생성입니다. 호르몬은 화학물질로 신체 여러 부분에 영향을 미치죠.

여자아이들은 몸매가 차츰 달라집니다. 골반이 넓어지죠. 가슴도 부풀어 오르고요. 성기 위쪽에 있는 치골이 털로 덮입니다. 12~14세 사이 어느 순간 첫 생리가 시작됩니다. 매달 자연스럽게 질을 통해 생리혈이 흘러나오죠. 겨드랑이 밑에도 털이 자라고요. 가슴은 둥글어지고 모양이 잡힙니다.

저는 열다섯 살인데, 아직도 생리를 안 해요. 저 정상인가요?

더 알고 싶은가요? 이제 여러분이 가장 자주 던지는 질문에 자세히 답변을 해볼게요.

여러분의 생식기는 외부 생식기와 내부 생식기로 구분됩니다. 외부 생식기는 치골 아래 양쪽 엉덩이 사이에 있고, 외음부를 이루죠. 외음부에는 소음순과 그 가장자리를 두르는 대음순, 클리토리스(음핵)와 질구(膣口)가 있죠. 소음순은 생김새가 닭 볏과 비슷하고 크기는 여성에 따라 매우 다양해요. 소음순 앞쪽에는 클리토리스가 있습니다. 아주 예민한 기관이죠. 소음

순 아래에는 요도가 있습니다. 질구는 조금 더 아래쪽에 있고요. 질과 자궁, 두 나팔관과 두 난소가 내부 생식기를 구성합니다. 질은 근육으로 돼 있고 속이 빈 '파이프' 형태입니다. 길이는 약 8센티미터, 자궁경부 및 자궁으로 이어집니다. 자궁 역시 근육으로 이루어져 있고 속이 비어 있습니다. 수정된 난자를 맞이해서 예비 신생아를 임신 기간 내내 품는 곳이죠. 자궁은 나팔관으로 난소에 연결됩니다.

대략 28일 주기로 3일에서 6일 동안 여러분의 질을 타고 혈액이 흘러나올 것입니다. 피가 나는 건 완전히 정상적인 일이에요. 50세 안팎까지 규칙적으로 그런 일이 발생할 겁니다. 이때 나오는 혈액은 사실 여러분의 자궁 안쪽 벽을 덮고 있던 점막이랍니다. 매달 난자가 하나씩 성숙해서 난소에서 나와 양쪽 나팔관 중 한 곳에 자리 잡습니다. 난자는 그곳에서 남성의 몸에서 나온 정자를 만나 수정되기를 기다리죠. 일단 수정이 되면 난자는 자궁벽에 안착하게 됩니다. 전문적으로 말하자면 자궁내막에 착상되는 것이죠. 자궁내막은 수정된 난자에 영양을 공급하기 위해 혈액을 이용해 두께를 키운답니다. 정자를 만나지 못해서 수정되지 않으면 난자는 죽어버립니다. 자궁내막을 부풀리던 혈액도 이제는 쓸모가 없어지고요. 우리 몸은 이 혈액을 배출시킵니다. 이렇게 해서 켜켜이 쌓여 있던 혈액은 질을 통해 자궁에서 여성의 몸 바깥으로 빠져 나가는 것이죠. 이것이 생리입니다.

생리 첫날과 그 다음 생리 시작까지는 보통 28일 간격입니다. 이 기간을 '생리 주기'라 부릅니다. 생리 주기는 짧으면 26일, 길면 30~32일이 되기도 합니다. 그리고 여성의 나이가 50~55세 정도 되면 생리가 멈춥니다. 여성이 더 이상 배란을 하지 않게

생리 빈도

생리 시작 이후 2년 동안은, 때로는 그 이상, 주기가 불규칙할 수 있습니다. 생식기 기능이 천천히 조금씩 안정화되기 때문이죠. 그렇지만 수개월 동안 생리가 없다면, 어떤 상황인지 알아봐야 하니 일반 병원이나 산부인과 의사 진료를 받아 보세요.

되는 거죠. 달리 말하면 난자를 만들어 내지 못하는 겁니다. 아이를 가질 수 없는 거지요. 자궁내막도 수정된 난자를 맞이하기 위해 혈액을 모아 두터워질 필요가 없게 되죠. 사실상 생리도 사라집니다. 이 현상을 '폐경'이라 합니다.

생리 주기나 양에 관계없이 생리는 자연적으로 멈춥니다. 몸속에는 아무것도 남아 있지 않을 거고, 피를 담고 있는 '주머니' 같은 것도 이제 없는 겁니다. 자궁은 뱃속에 있는 창자, 위, 방광 같은 다른 장기들과 서로 연결되어 있지 않고요. '방수'랍니다.

첫 생리부터 탐폰을 사용해도 될까요?

탐폰은 질 속에 넣을 수 있는 면으로 된 작은 원통형 막대입니다. 탐폰이 생리혈을 흡수하면 부풀어 오르면서 마개처럼 됩니다. 탐폰은 피가 팬티 밖으로 새지 않게 막아 주죠. 탐폰은 첫 생리부터 쉽게 사용할 수 있습니다. 소녀용 '미니' 탐폰이 이미 오래전부터 나와 있습니다. 탐폰을 제대로 넣지 못하겠다거나 면으로 된 작은 막대가 질 속에 있는 것이 불편하게 느껴진다면, 탐폰보다는 생리대를 사용하세요. 생리대는 약간 두터운 면으로 된 보호대로 성기와 닿는 팬티 속에 착용합니다. 요즘은 갈수록 착용감이 편안해지고 있습니다. 그렇지만 세균에 감염되지 않으려면, 탐폰이든 생리대든 자주 갈아주는 것을 절대 잊지 말아야 합니다.

학교에서 한참
수업중일 때나
수영장에 있거나
친구 집에 있을 때
첫 생리가
시작될 수도
있나요?

13세가 지났는데도 가슴이 커진다거나 털이 난다거나 하는 몸의 변화 조짐이 없으면 정상적인 발달에 문제가 생긴 것일 수도 있습니다.

이런 경우에는 산부인과 의사에게 진료를 받으세요. 하지만 모든 게 정상적으로 진행중이라면 생리가 시작되기를 느긋하게 기다려 보세요. 너무 늦어지지는 않을 겁니다. 생리 기간 중 배가 아픈 것은 아주 흔한 일입니다. 그 고통은 약한 강도의 자궁 수축 때문입니다. 보통은 불쾌한 기분이 들죠. 고통이 너무 심하면 의사에게 통증을 줄이는 처방을 요청하세요.

탐폰과 처녀성

여성이 한 번도 성관계를 가져본 적이 없을 때 처녀성을 가졌다고 이야기합니다. 여성에게는 처녀막이라 불리는 얇은 막이 질 입구 부분에 있답니다. 보통 처녀막은 첫번째 삽입 때 훼손되며, 이 때문에 출혈이 생기죠. 그렇지만 탐폰을 넣는다고 처녀막이 손상되지는 않습니다. 처녀막은 계속 남아 있을 테니 걱정 안 해도 됩니다.

"내가
엄마가 될 수 있다고
벌써?"

속으로 이런 생각을 해봤을 수도 있겠네요. 큰 소리로 질문해본 적은 없더라도요. 생리가 시작됐다는 것은 몸이 정상적으로 기능하고 있다는 뜻입니다. 어쩌면 정말 확실한 대답은 임신하게 됨으로써 나오는 거겠죠. 하지만 아직 까마득한 얘기죠. 그러니까 엄마가 될까 걱정하는 건 너무 일러요.

작든, 크든, 중간이든,
각자 생긴 대로

호르몬은 몸에서 만들어지는 화학물질입니다. 호르몬의 작용으로 가슴이 커집니다. 가슴을 형성하는 세포조직들이 조금씩 성장하는 거죠. 동시에 젖꼭지를 둘러싸고 있는 유륜도 넓어지고 색이 변합니다. 여자아이들의 가슴은 둥글어지면서 형태가 잡힙니다. 완전히 다 커지기까지는 보통 2~4년이 걸리죠.

엄마나 자매, 이모들은 모두 가슴이 작은데 자기 가슴만 크다, 이런 일은 거의 일어나지 않을 겁니다. 그래도 안심하세요. 이성에게 받는 관심과 인기가 가슴 크기에 달려 있는 것은 아니거든요. 가슴이 큰 게 매력 있다거나 작은 가슴이 멋지다고 과장하는 잡지는 믿지 마세요. 잡지를 더 많이 팔아먹으려고 하는 이들의 생각이니까요. 오로지 가슴만 보고 여러분을 사랑하게 될 남자는 절대 없을 겁니다. 누가 여러분의 가슴을 보고 불쾌한 지적을 하거든 그 즉시 '멍청이'로 분류하고, 정리해 버리세요!

질 분비물이 뭔가요?

계란 흰자처럼 생긴 무색 또는 흰색의 액체가 질을 타고 조금씩 나오는 것을 유심히 본 적이 있나요? 질에서 나오는 분비물인데, 과학적인 명칭이 있습니다. '자궁경관점액'이라고 하죠. 자궁경부에서 생성되어 조금씩 질을 통해 흘러나옵니다. 이 점액은 질과 자궁 내부에서 정자가 난자를 만나기 위해 전진하는 것을 돕습니다. 음경이 잘 삽입되도록 돕는 역할도 하고요.

한쪽 가슴이 다른 쪽보다 더 큰데 정상일까요?

한쪽 가슴이 다른 쪽보다 더 크다고요? 당황하지 마세요. 우리 몸은 원래 완벽한 대칭이 아니니까요. 한쪽 가슴이 더 큰 것이 지극히 정상입니다.

가슴은 지방질 위주의 세포조직으로 구성되어 있습니다. 이 세포조직들에는 아기가 태어났을 때 모유를 만들어내는 젖샘이 있고요. 그러니까 가슴은 근육이 아닙니다. 시간이 지나면서 가슴이 조금씩 처질 수 있습니다. 특히 크기가 크면 그렇죠. 그래서 브래지어를 차는 편이 낫다고들 하는 겁니다. 운동을 꾸준히 해주면 더 좋고요.

가장 친한 친구가 예전보다 15센티미터가 더 자라 나보다 머리 하나는 더 커졌다고 해서, 아니면 내 성기는 아직 작은 크기 그대로인데 친구는 자기 것이 커졌다고 얘기한다 해서, 걱정하지 마세요. 그게 당연한 거예요. 모두 다 몸은 변합니다. 하지만 꼭 동시에 변하는 건 아니거든요. 각자 다르게 진행됩니다.

이런 변화를 어떤 친구는 더 일찍 시작하고 또 어떤 친구는 더 늦게 시작하기도 합니다. 보통 남자들은 12~13세경에 사춘기 초기 징후가 나타나지요. 여자들과 마찬가지로 호르몬이 몸에 변화를 일으킵니다. 우선 고환 크기가 커져요. 두 고환을 감싸고 있는 피부인 음낭도 자랍니다. 두꺼워지고, 주름이 생기죠. 색깔도 더 붉어지거나 갈색으로 변합니다. 성기 위쪽 치골을 비롯해 아랫배와 겨드랑이 밑에서도 처음으로 털이 나기 시

작습니다. 음경이라고 불리는 남자의 성기는 길어지고 굵어집니다. 턱에는 가는 솜털이 올라옵니다. 조금씩 굵은 수염으로 변할 거예요. 근육이 늘어나서 전체적으로 몸이 커집니다. 어깨가 골반보다 넓어지고요.

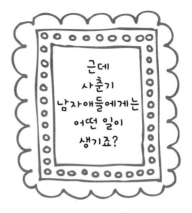

근데 사춘기 남자애들에게는 어떤 일이 생기죠?

목소리도 바뀝니다. 변성기가 온 것이죠. 변성기는 수개월 동안 계속됩니다. 보통은 좀 불편을 겪게 되지요. 익숙했던 아이다운 음성이 말하던 중간에도 갑자기 고음을 내거나 저음으로 떨어집니다. 솔직히 말해서 당혹스럽고 짜증나지요. 이런 목소리는 '다 자란' 새 몸에도 영 어울리지 않고요.

고민거리를 주는 다른 변화도 있습니다. 이건 부모님께 털어놓고 말해볼 용기도 나지 않아요. 마음속에서 여러분을 괴롭히는 질문들로 가볼까요? 쉽고 간단히 답을 해볼게요.

차렷 !

물렁물렁하고 처져 있었던 음경이 갑자기 딱딱해지며 우뚝 섭니다. 어려울 것 없어요. 이게 바로 발기예요. 성기를 부풀리기 위해 혈액이 유입되는 거죠. 음경은 근육이 아닙니다. 혈액을 머금을 수 있는 세포조직으로 이루어졌죠. 이 세포조직들은 물을 잘 빨아들이는 성질이 있답니다. 말하자면 여러분의 음경 내부는 스펀지 비슷한 겁니다.

혈액이 음경으로 몰리면 음경은 스펀지가 물을 빨아들이듯 '부풀어' 오릅니다. 혈액이 빠져 나가면 음경은 다시 휴식 상태로 돌아가 작아지죠. 이렇게 발기가 끝납니다.

거기가
완전히
딱딱해졌어!

외부 자극, 성적 욕망, 수면이 발기를 일으킬 수 있습니다.

성적 욕망: 한 소녀를 사랑하게 됩니다. 그 아이만 보면 손을 잡고 싶고, 입을 맞추고 싶죠. 그러면서 성기가 커집니다. 발기가 된 거죠. 실제로 여러분의 성기를 발기시킨 건 사랑에 빠진 감정과 여러분이 그 소녀에게서 느끼는 육체적인 매력입니다. 사랑하는 소녀를 품에 안고 만지고 입 맞추고 싶고, 몸이 어떻게 생겼는지 알고 싶습니다. 이런 욕망이 여러분의 성기에 곧바로 영향을 미치는 거죠. 발기는 여러분이 어떤 환상을 품을 때, 그러니까 성적인 상황을 상

안녕!

상할 때에도 일어날 수 있습니다. 야하거나 성적 욕망을 자극하는 꿈을 꿀 때도 발기가 될 수 있고요.

외부 자극: 특정한 체육 활동도 발기를 일으킬 수가 있습니다. 여러분이 원하지 않는 경우라도 말이죠. 줄을 타고 올라갈 때, 또는 말타기를 할 때 줄이나 안장에 성기가 비벼지면서 발기되곤 합니다. 여러분 스스로 성기를 쓰다듬을 때도 같은 일이 일어납니다. 비비고 자극하는 마찰이 발기를 일으킵니다.

수면: 우리가 자면서 거치는 단계 중에 '렘(REM)수면'이라는 단계가 있습니다. 잠이 들었지만 뇌는 여전히 열심히 '일하는' 상태죠. 뇌의 활동에 우리 몸도 반응합니다. 여기엔 음경도 포함되죠. 그래서 남성은 수면 중 발기가 됩니다. 남성 모두가 수면 중 서너 차례 발기합니다. 이 모든 일은 완벽하게 정상이지요. 낮에든 밤에든 자다가 발기가 돼서 깜짝 놀랐다 해도 창피해하지 마세요.

거기가 이상해졌어!

사정은 정자가 담겨 있는 정액을 배출하는 일입니다. 언제나 발기 이후에 일어나게 됩니다. 사정은 평소 상태의 음경에서는 절대 일어나지 않습니다. 성관계 중일 때라면 성행위의 마지막 단계에 일어나죠.

사정은 몇 살에 시작하나요?

첫 사정은 일반적으로 13~15세에 하게 됩니다. 여자애들이 첫 생리를 시작하는 시기와 같죠. 그러나 이게 꼭 정해진 거라 생각하진 마세요. 이르건 늦건 언젠간 하게 될 테니까요.

사정은 남성이 가장 강렬한 쾌감을 느낄 때 일어납니다. 하지만 아직 성생활을 하고 있지 않은 여러분들은 보통 밤에 자다가 사정을 하게 됩니다. 이를 '몽정(夢精)'이라고 하며, 좀 지나간 표현으로 '이불을 더럽혔다'고도 하죠.

남자애들에게 첫 사정은 중대한 일이죠. 이제부터 쾌감을 얻을 수 있는 성생활의 세계에 들어섰다는 거니까요. 그렇지만 이제 자신도 사정을 했다고 가족들에게 말하는 건 결코 쉬운 일이 아니죠. 이와 반대로 여자애들은 첫 생리 시작에 대해 비교적 더 쉽게 말할 수 있죠.

남자애들에게는 불공평한 상황입니다. 우리 사회는 남자의 사정에 대해서는 말하지 않는 분위기니까요. 하지만 부모님이, 특히 아버지가 이런 이야기를 잘 들어주실 분이라면, 망설이지 말고 얘기해 보세요. 이렇든 저렇든 중요한 사건이니까요. 앞으로 살면서 수천 번은 겪게 될 일입니다. 더러울 것도 부끄러울 것도 전혀 없지요.

오랫동안 사정하지 않았다고 고환이 커지지는 않습니다. 고환은 사실 정자를 만들어내기는 해도 저장하지는 않거든요. 정자가 '성숙'하면 정낭에 보존됩니다. 그곳에서 사정 순간 배출될 때를 기다리죠. 하지만 여러분이 수 주 내지 수개월 동안 사정하지 않을 경우, '대식세포'가 저장되어 있던 정자를 파괴할 겁니다. 그렇게 되면 새로운 정자가 만들어지고, 이번에는 이 새로운 정자들이 정낭에 다시 보존되지요.

사정과 동시에 소변이 나올 수도 있나요?
남자애들은 소변과 정액이 섞일지 모른다는 생각을 자주 합니다. 그런데 사실 음경에는 발기 또는 사정의 상황에서 방광과 요도가 연결된 관을 막아 주는 괄약근이라는 작은 근육이 있어요. 그러니까 사정을 하면서 동시에 소변이 나오는 것은 불가능합니다.

크기가 마음에 안 들어

많은 이들이 반복해서 물어대는 질문이니까 한 번만 답하겠어요. 음경의 크기는 사람 수만큼 다양해요. 모양도 각자 다를 수 있고요.

대체로 음경은 평상시보다 발기했을 때 더 길고 굵죠. 그러나 성관계 시 기능이라든가 쾌감을 주는 정도는 그 길이와 정말 아무런 관계가 없어요. 열등감을 품고 고민할 일이 전혀 아닙니다.

발기된 남자의 음경 크기를 따지려고 자를 들고 덤비는 여자들은 없어요.

사랑과 포경수술

포경수술은 간단한 외과 수술입니다. 음경 끝에 있는 귀두를 덮은 피부 주름을 걷어 내는 수술이죠. 이 피부 주름은 '포피'라고 합니다. 일반적으로 포경수술은 감염을 막으려는 위생상의 이유로 시행됩니다. 유대인들과 이슬람교도들은 종교적인 이유로도 수술을 하죠. 귀두가 온전히 다 드러나지 않는 포경일 경우에도 수술을 할 수 있습니다. 이런 경우에는 정상적으로 성관계를 하는 데 문제가 있기 때문이죠. 이런 이상은 금방 파악할 수 있습니다. 남자애들은 이미 한 살 때부터 포피를 내려 귀두가 드러나게 할 수 있지요. 포경수술은 위험하지 않은 제거 수술이고, 하고 나면 귀두를 깨끗하게 씻을 수도 있습니다.

겉으로 봤을 때, 포경수술을 받은 성기 모양은 수술받지 않은 성기와 비교할 때 완전히 같은 모양은 아닙니다. 그렇지만 발기하거나 사정할 때 기능에는 아무런 영향도 주지 않죠.

정자들은 너무 더워

정자는 약 33°C의 온도에서만 생성됩니다. 우리 몸의 온도가 37°C이니까 정자가 만들어지기에는 너무 높은 온도겠죠. 그렇기에 고환은 몸 바깥쪽에 위치하며 정자를 만들기 좋은 온도에 머무는 겁니다.

음, 오늘 날씨가 좋군!

엄마, 나 가슴 생겼어!

사춘기 남자아이들에게도 가슴이 커지고 더 민감해지는 일이 실제로 일어납니다. 아주 자연스러운 현상이에요. 성 호르몬이 만들어지기 때문이죠. 몇 달 지나면 모든 게 정상으로 돌아갑니다. 그렇지만 이 현상이 오래가면 의사와 얘기해 봐야겠죠.

훌륭해

그럼 난 언제?

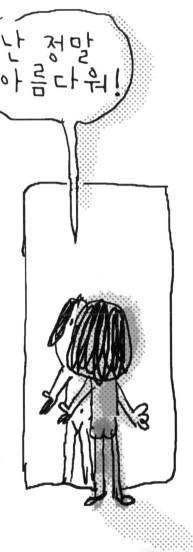

14~15세 무렵 많은 남자 아이들이 사춘기가 늦게 찾아오는 것 때문에 마음고생을 합니다. 친구들은 키가 커지고 근육이 생기면서 조금씩 남자가 되어 가는데 자기 외모만 아직도 꼬마 같으니까 말이죠. 혹시 이런 상황에 있다면 걱정하지 마세요. 곧 변화를 겪게 될 거랍니다. 그 변화가 아마 15세, 16세쯤 그저 조금 늦게 찾아오는 것뿐이에요.

그래도 이렇게 늦는 것이 신경 쓰이고, 괴롭다면 의사와 얘기해 보세요. 의사 선생님은 여러분을 안심시켜 줄 겁니다.

사춘기는 ➡ 어려워

이제 여자와 남자 모두가 몸에서 무슨 일이 일어나고 있는지 알게 됐어요. 하지만 욕실에서 몇 시간씩 거울로 자기 모습을 관찰하는 일을 계속하게 될 겁니다. 다른 가족들이 문을 두드려대도 괜찮아요. 새롭게 변화한 몸에 익숙해지려면 이렇게 관찰하는 것이야말로 최고의 수단이거든요.

익숙하면서도 낯선 이 몸을 차츰 나의 것으로 만들어야만 해요. 그렇기 때문에 몸을 바라보는 시선이 중요합니다. 호기심을 가져야 하죠. 그렇지만 자신을 너무 힘들게 하지는 말고요.

새로 난 털 때문에 기분이 별로인가요? 불만을 가질 필요 전혀 없어요. 그런 일을 피해 갈 수 있는 사람은 아무도 없으니까. 차라리 좋은 쪽을 보세요. 마음에 들게 바뀐 부분을 말이죠. 전보다 더 여성스러워진 부분이라든가, 더 남자답게 만들어 주는 세세한 부분들을요.

달라진 몸 때문에 정말 절망스럽다고 해도 몸을 함부로 다루지는 마세요. 예를 들어 아무것도 먹지 않는다거나 하면서 말

76

이죠. 여러분이 성장하고 변화하기 위해서는 충분한 영양 공급이 필요합니다. 자신을 소홀히 대해서도 안 되죠. 그 반대로 자신을 잘 돌봐줘야 하죠. 잘 씻는 것도 중요하고요. 여자는 민감한 시기를 잘 보내려면, 특히 생리 때에는 평소보다 주의를 두 배는 더 기울여야 합니다. 남자들은 운동을 하고 나면 제대로 샤워해야 하고요. 사춘기에는 땀을 훨씬 더 많이 흘립니다.

여자나 남자나 여드름에 주의하세요. 작은 뾰루지들, 붉은 반점, 블랙헤드는 얼굴뿐 아니라 등에도 덕지덕지 생길 수 있습니다. 꽤 흔하게 나타나는 현상이죠. 사춘기 즈음에 발생하는 피지과다 때문입니다. 피지는 피부에서 만들어지는데 피지량이 너무 많으면 피부가 숨을 내쉬는 미세한 구멍인 모공이 막힙니다. 그렇게 되면 뾰루지들이 솟아나죠.

요즘은 피부를 잘 씻어내고, 여드름을 관리하기 위한 제품(비누, 로션, 크림)이 시중에 많습니다. 그래도 여드름 상태가 아주 심각하다면 망설이지 말고 피부과 진료를 받아보세요. 효과적인 처방을 받을 수 있을 겁니다.

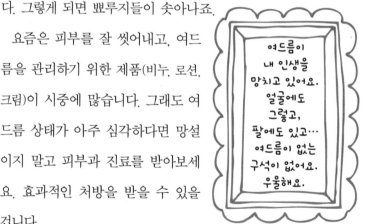

의사 선생님,
안녕하세요!

여드름 치료는 피부과 의사가 도와주겠지만, 다른 의사들의 도움도 잘 활용하세요. 커가면서 생기는 다양한 신체적·정신적 걱정거리들에 대한 온갖 질문에 대답해주실 수 있는 사람들이니까요. 의사 선생님들을 정기적으로 찾아가고, 신뢰할 수 있는 관계를 만들어보세요. 의사들에게는 그것이 일이죠. 엄마 아빠 없이 혼자 상담 받는 것도 망설이지 마십시오.

여러분의 부모님은 이제부터는 여러분의 몸과 사생활을 존중하는 법을 배워야 합니다. 그리고 의사는 여러분의 질문 하나하나를 진지하게 대해야 하죠. 여러분은 자신에게 일어나는 일을 이해하고 싶은 거고, 그건 당연한 거예요.

여자아이들은 아마 산부인과 의사와 상담할 수도 있을 겁니다. 엄마나 여러분 친구가 다니는 산부인과에 가도 되겠죠. 선택은 여러분이 하는 거예요. 의사를 완전히 신뢰하면서 만나세요. 산부인과 의사는 진료와 관련해 비밀을 유지하도록 되어 있습니다. 여성의 인생에서 산부인과 의사의 역할은 빼놓을 수 없죠. 피임약처럼 임신을 피하기 위한 피임법을 처방해주는 것도 산부인과 의사입니다. 산부인과 의사는 특정 검사를 수행하기도 하고, 임신 과정을 지켜보기도 합니다.

정기적으로 산부인과 상담을 받는 것은 좋은 습관이죠. 그래도 아직 산부인과까지 갈 용기는 나지 않는다면, 보건소나 학교 양호실에서 상담을 받는 것도 좋습니다.

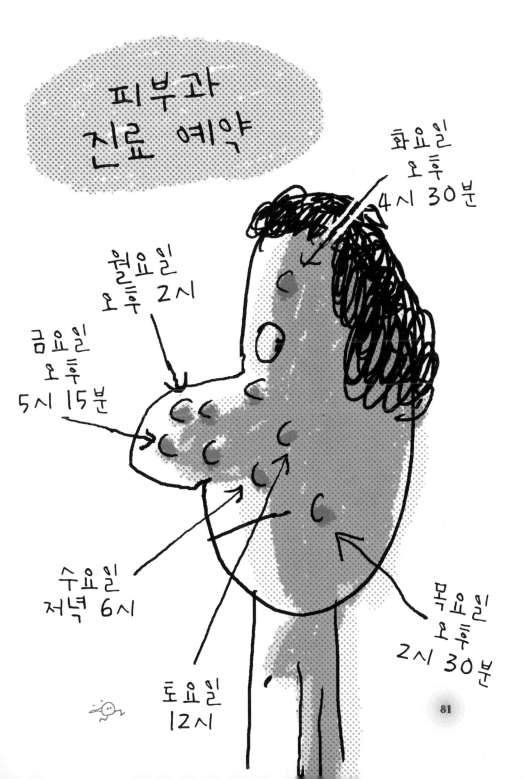

사랑은

정말

좋은것

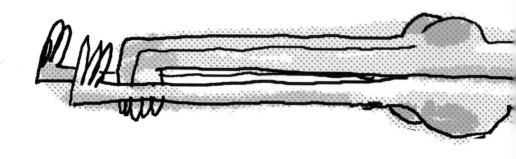

내가
원하는 건
너

얼마 전까지 여러분은 영화 속에서 다 벗은 몸이나 입맞춤 하는 모습이 나오면 어쩔 줄 몰라 했지요. 그러다 이제는 서로 사랑하는 남녀가 얼마든지 할 수 있는 그런 일 때문에 마음이 어지럽습니다.

여러분 중 대다수가 섹스를 하는 커플이 나오는 영상이나 사

진을 봤을 거예요. 남성이 자기 성기를 실제로 여성의 성기에 삽입하는 모습을 눈으로 확인했겠죠. 그런 영상들은 당연히 현실을 날것 그대로 보여주죠. 여러분은 '뭐야, 사랑이 고작 이런 거야?!' 하는 생각이 들면서, 좀 실망도 되고 때로는 혐오감이 들기도 합니다. 네, 성관계를 갖는다는 것, 섹스를 한다는 것이 얼핏 보기에는 그렇기도 합니다. 남성이 발기돼 있는 자신의 성기를 여성의 질 속에 삽입하죠. 그리고 남녀는 함께 오르락내리락 움직

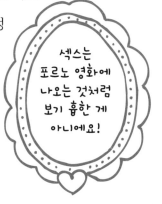

섹스는
포르노 영화에
나오는 것처럼
보기 흉한 게
아니에요!

이기 시작합니다. 이런 모든 모습들이 썩 로맨틱하지는 않아요.

그래도 다들 사랑이란 경이로운 것이라고 말했는데, 이젠 이해가 잘 안 가죠. 어른들이 정말 이상하다는 생각도 듭니다.

그렇지만 사실 성생활에는 여러 가지 다른 면이 있어요. 단지 의학적인 그림이나 포르노에 나오는 이미지만 가지고 본다면, 성행위 자체는 놀랄 만한 게 없겠죠. 때로는 오히려 아주 기계적이고 감정 없는 행위처럼 느껴질 겁니다. 성인용 잡지나 포르노 영화 속에서 성관계는 보통 추하고 왜곡되어 있지요.

그러나 성관계가 사랑하는 사이에서 나온 열매라는 점을 이해한다면, 바라보는 시선이 분명히 바뀝니다. 그때의 사랑은 함께 나누고, 서로 교감하는 감미로운 행위이지요. 기계적이고 육체적으로만 보이던 일도 로맨틱한 행위가 되죠.

키스와 애무를 나누고 몸을 '섞으면서' 두 파트너는 서로의 감정을 표현하고, 기쁨을 주고받고 싶다는 욕망을 표출합니다. '성생활'이라는 말 속에 모든 의미가 들어가 있답니다. 자신의 몸과 성기처럼 자기가 가진 가장 은밀한 것들을 나눌 수 있도록 이끄는 진실한 관계가 두 사람 사이에 존재하는 겁니다.

오후 1시

↓

오후 1시 30분
나는 사랑에
빠진다

오후 2시
우리는
산책을 한다

~~오후 3시
성관계~~

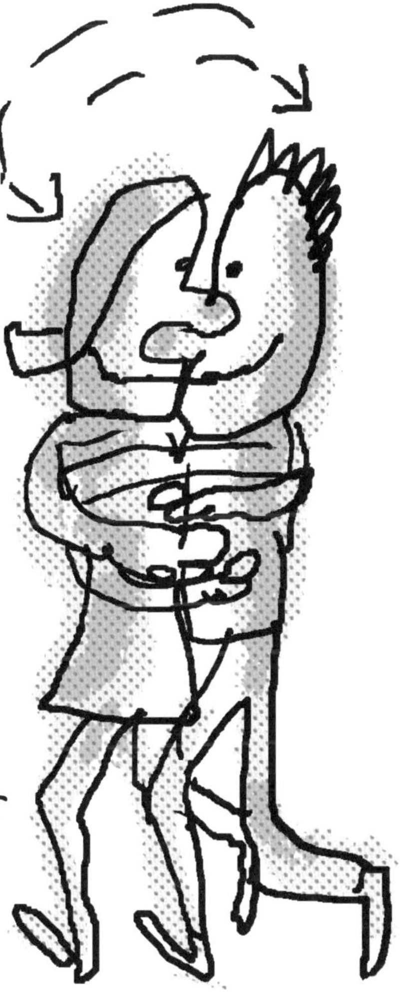

우리는 서로를
아끼지···

금방 만난 두 사람이 단순히 서로 첫눈에 반했다고 해서 바로 섹스를 하는 것은 아니겠죠. 우선은 서로 어떤 사람인지 알아봐야 하죠. 여러 번 만남을 거듭하면서 차츰 애정 표현이 늘어나고 키스, 애무도 나누게 됩니다. 이렇게 함께 하는 시간을 어느 정도 보내고 나서야 두 사람은 서로를 더 깊은 관계로 만들고 싶어지는 것입니다. 이때가 되면, 두 사람은 성관계를 갖게 됩니다.

성관계는 삽입은 물론 키스와 애무를 동반합니다. 성행위는 "자, 옷 벗고, 준비하고, 시작!" 이런 식으로 순서에 맞춰 진행되는 것이 아니에요. 저런 시나리오는 영화에나 어울리겠네요. 실제는 다르죠. 왜냐하면 두 사람이 비록 불 같은 사랑에 빠졌다고 해도 섹스에는 준비와 두 사람 모두의 동의가 필요하기 때문이죠. 여기서 준비란 바로 두 사람 사이에 생겨나는 애정의 표현과 교환입니다. 그렇기에 두 사람에게는 시간이 필요한 것이죠.

이것이 가장 중요한 단어입니다. 바로 '시간'이죠. 첫 키스에서 첫경험으로 가는 단계들을 하나하나 넘어서는 것을 배우려면 시간이 필요합니다.

그리고 이 사랑의 모든 입문 과정을 반드시 같은 사람과 경험하게 되지도 않을 거예요. 여러분이 상대와 이미 몇 번 키스를 했다고 해서, 그리고 여러분의 몸이 자랐고 스스로 '남자' 또는 '여자'가 되었다고 느낀다고 해서, 그것이 섹스 준비가 다 되었다는 것을 뜻하지는 않아요.

사랑은 몸으로만 되는 것이 아니죠. 머릿속에서도 준비가 되어야만 합니다. 통과해야 할 중요한 단계죠. 그렇지만 자기 내면에서 무슨 일이 벌어지고 있는지 확실히 이해가 되는 건 아니에요. 모든 게 당황스럽고 혼란스럽죠. 친구와의 관계에서 느끼는 우정과 사랑의 감정에 어떤 차이가 있는 것인지 여전히 모르겠고요. 우리가 정말 사랑에 빠졌을 때 느끼는 감정이 어떤 건지도 궁금하죠. 가끔 어떤 사람에게 끌립니다. 그 사람의 외모가 마음에 들고, 그 사람과 이 감정을 공

다른 사람을 알기 위해서는 시간이 필요하죠.

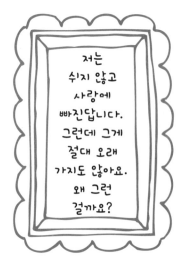

저는
쉬지 않고
사랑에
빠진답니다.
그런데 그게
절대 오래
가지도 않아요.
왜 그런
걸까요?

유하고 싶죠. 그 사람의 눈에 띄기 위해서라면 뭐든지 하고요. 여러분이 느끼는 이 감정이 정말 사랑일까요? 아니면 그저 성적 매력에 끌리는 것일까요? 모르겠어요. 도무지 모르겠죠. 이 모든 욕구와 갈망이 머릿속에서 뒤죽박죽 엉켜 버립니다! 가장 나쁜 건 이 어쩌지 못할 상황에서 벗어날 수조차 없다는 거예요!

하지만 안심하세요. 이런 혼돈이 평생 가는 건 아니니까. 시간이 지날수록 여러분이 겪고 있는 일, 느끼고 있는 감정을 조금씩 더 잘 이해할 수 있게 될 겁니다. 여러분은 그때 비로소 알게 될 거예요. 첫경험을 할 준비가 되었다는 걸.

됐어, 난 그거 해봤어!

준비는 안 됐지만, '첫경험'에 대해서 더 알고 싶습니다. 궁금한 게 수천 개는 될 테죠. '어떤 과정으로 진행되는 걸까?' '사람들은 뭘 느끼는 거지?' '어떤 즐거운 일과 비슷할까?' 여자들은 대개 걱정을 합니다. 첫 삽입 때 아프지 않을까 두려워하죠.

남자들은 오히려 잘하지 못할 것을 걱정합니다. 성행위를 하려는 순간에 발기가 되지 않을까 두려워하죠. 사실 그게 정상이죠. 섹스를 어떻게 하는지 머릿속으로는 알지만 아직 경험해 본 것이 아니니까요. 그렇지만 부모님은 어떻게 하셨는지 여쭤볼 수도 없어요. 솔직히 부모님과 이야기하고 싶은 대화 주제는 아니잖아요. 친구들이라 해도 말 꺼내기 진짜 어렵죠. 놀리기라도 하면 어쩔까 걱정되거든요.

그리고 '그거 했다'고 허세 부리는 어떤 남자애나 여자애가 있기도 해요. 그렇지만 절대 전부 다 자세히 얘기해주지는 않습니다. 그게 정말 어떤 느낌인지는 더더욱 말 안 해주죠.

그런 느낌과 감정이 내면 속 비밀의 정원에 한 자리씩 자리합니다. 절대 밖으로 드러낼 수 없죠. 그렇기에 '첫경험'은 자신만의 경험인 것이고, 말은 할 수 있지만, 가장 친한 친구와도 진정 나눌 수는 없어요. 여러분이 이 감동으로 가득 찬 순간을 경험하기로 결심하게 되면, 이 조언들을 떠올려 보세요.

먼저, 부모님 말씀대로 따라가기만 하지 마세요. 사실 어떤 부모님들은 여러분이 다 컸다고 생각하시고는 콘돔을 사주시기도 합니다. '자기 몸을 잘 보호해야 한다'고 하시면서 말이죠. 또 어떤 부모님들은 정말 확실하게 여러분을 산부인과로 데려가기도 하고요.

그리고 부모님의 이런 제안은 자기 생각을 가지고 취사선택하세요. 부모님께 자신의 감정과 현재 상황을 설명하는 겁니다. 여러분이 아직 준비가 되지 않았다고 얘기해야 할 때도 있겠죠. 부모님이 그렇게 하시는 건 어서 성경험을 가지라고 권하는 것이 절대 아닙니다. 정말로 그저 자식 걱정일 뿐입니다. 부모님은 어떻게 해서든 여러분을 보호하려고 하는 것이죠. 좀 서투를 때도 있겠지만….

또한 첫 섹스가 여러분을 꼭 천국으로 데려다 주지는 않을 겁니다. 첫경험이 좀 실망스러울지 누가 알겠어요. 어쩌면 여자들은 쾌감을 많이 느낄 수도 있습니다. 그렇지만 첫경험 때 아무것도 못 느꼈다고 해서 놀라지 마세요. 남자들은 너무 빨리 사정해버릴 수도 있습니다. 감정 때문에 자기 제어를 못 하게 되는 경우는 흔하니까요. 아무튼 걱정할 것 없습니다. 여러분의 성생활은 이제 막 시작한 것이니까요. 앞으로 할 경험들은 분명

서두르지 말 것

이런 생각은 절대 하지 마세요. '난 열여섯 살이니까 이젠 섹스를 해도 돼!' 여러분은 친구들과 함께 어떤 대회에 참가한 게 아닙니다. 먼저 한다고 상을 받는 일이 아니라는 거죠. 그러니 친구들 눈치를 볼 필요는 전혀 없어요. 섹스는 다른 사람들이 다 하니까 하는 게 아닙니다. 사람들은 다른 이와 감정을 나누고 몸을 나눌 준비도 되었다고 느끼기에, 성적인 욕구를 확인했기 때문에 섹스를 합니다. 첫경험을 열일곱에 하든 스무 살에 하든 스물다섯에 하든 관계없습니다. 나이 제한이 있는 게 아니니까요. 나이는 중요하지 않아요. 여러분의 삶이니까 결정은 여러분만이 할 수 있습니다.

히 훨씬 더 마음에 들 겁니다.

마지막으로 만약 '첫경험'이 어떤 식으로 이루어질지 상상하고 있다면, 십중팔구 결코 생각한 대로 되지 않는다는 것만 알아 두세요. 정말 기다려 온 그 순간을 망칠 정도는 아닐지라도 돌발적인 작은 사건들이 여럿 일어날 수 있습니다. 남자가 몇 번씩 시도해도 브래지어가 풀어지지 않을 수도 있고, 별 이유 없이 웃음이 터져 나와 아무리 해도 멈추지 않기도 하죠.

이런 상황을 넘기는 데 가장 좋은 것은 유머입니다. 유머를 발휘해서 가장 곤란한 상황도 잘 넘어갈 수 있죠. 실제 상황에

서는 남녀 모두 분명히 같은 상태일 겁니다. 긴장되고, 걱정스럽고, 신경이 바짝 곤두서 있고, 이 모든 것을 어떻게든 극복해보려 애쓰죠.

가장 간단한 방법은 섹스가 처음이라고 고백하는 것이겠죠. 창피할 일이 전혀 아닙니다. 오히려 상대는 우쭐한 기분이 들면서, 그만큼 더 조심스럽고 부드러워질 겁니다. 부드러운 것이 약한 것을 뜻하지는 않아요. 여자들은, 전부 자기 손에 쥐고 흔들려는 '마초' 같은 남자들을 좋아하지 않지요.

콘돔
발기한 음경을 씌울 수 있는 아주 얇은 고무로 된 싸개입니다.
콘돔으로 성병을 방지하고, 피임을 할 수 있습니다.

나한테
이게 무슨 일이지?

첫경험이 반드시 쾌감과 이어지는 건 아니라고 했습니다.

누군가와 아주 강렬히 교감하고 싶다는 욕망과 그 교감으로부터 얻을 수 있는 쾌감을 혼동하지 마세요. 욕망은 여러분 스스로 통제할 수 없다지만, 쾌감은 배워 가는 겁니다.

경험이 쌓이면 쌓일수록, 어떤 애무가 여러분에게 더 큰 쾌감을 주는지 배우게 될 겁니다. 마찬가지로 여러분의 상대가 어떤 키스와 어떤 말에 더 잘 반응하는지도 알게 되죠. 무엇이 여러분과 여러분의 상대에게 쾌감을 주는지 알게 되는 겁니다. 이렇게 여러분은 성관계에 대해, 쾌감에 대해 하나씩 배워 나가는 겁니다. 그리하여 오르가슴도 느낄 수 있게 되겠지요.

혼자서도
해결할 수 있어

몇몇은 벌써 스스로 성기를 쓰다듬는 자위행위로 혼자만의 쾌감을 느껴봤을 겁니다. 자위행위를 하는 것은 부끄러운 일이 아니에요. 반대로 아주 자연스러운 일이죠. 그런데 사람들은 왜 그 얘기를 하지 않을까요? 자위행위는 자기만의 아주 사적인 일로 다른 사람은 전혀 상관할 일이 아니기 때문이죠. 수 세기 동안 자위행위는 금기시되는 주제였습니다. 아무도 자위에 대해 말하지 않았죠. 자위를 처벌할 때를 제외하면요. 요즘도 여전히 사람들이 쉽게 다가갈 수 있는 주제는 아니죠. 가족 간에는 더욱 그렇고요. 하지만 남자든 여자든, 많은 성인들이 사춘기 시절 자위행위를 했고 그중 어떤 사람들은 평생 자위행위를 계속 한다는 건 알아 두세요.

　하지만 반대로 자위행위를 왜 해야 하는지 모르겠다면, 억지로 해야 할 이유도 없죠. 성이라는 분야에 의무는 없으니까요.

가족들과 함께 하는 식사

그리고 자위행위를 하든 안 하든 죄책감을 느낄 것도 없고요.

자위행위를 하면 귀머거리가 된다거나 열심히 활동할 에너지를 낭비하게 된다고 이야기하는 사람들 말은 듣지 마세요.

그건 틀린 얘기입니다! 자위행위로 우리는 자기 몸을 더 잘 알고 새로운 감정을 발견할 수 있습니다. 그러나 섹스와는 다른 식이죠. 섹스를 하려면 두 사람이 있어야 하니까요. 자위가 자연스러운 것이긴 하지만, 그렇다고 자위행위를 도피처로 이용해서는 안 됩니다.

자위행위 때문에 다른 사람과 성관계를 맺는 일이 지장을 받아서는 안 된다는 이야기입니다.

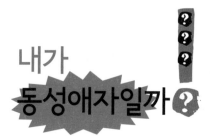

내가 동성애자일까?

동성애는 같은 성의 상대를 사랑하는 것이죠. 동성애는 이제 금지된 일은 아니지만, 여전히 예민한 주제입니다.

여러분은 동성에게 성적으로 끌릴 수 있다는 생각 때문에 혼란스럽고 걱정될지도 모릅니다.

이런 걱정은 사춘기 동안 더 커지죠. 이 특별한 시기에 여러분이 가장 친한 친구에게 사랑의 감정을 느끼는 일도 생길 수 있습니다. 그렇지만 그게 여러분이 동성애자라는 뜻은 아니랍니다. 동성의 친구가 갑자기 여러분을 뒤흔듭니다. 여러분은 그 아이에게 경탄하죠. 모든 것을 같이 나눕니다. 말하지 않아도 서로 이해하는 것 같고요.

생각도 같고, 취향도 같고, 같은 일로 화를 내고, 같은 걱정을 하죠. 또 하나의 '나'라고 느껴집니다. 이러니 어떻게 반하지 않을 수 있겠어요? 여러분은 자신의 몸도 이제 막 새로 알아가기 시작했습니다. 그래서 이성의 몸은 두렵게 느껴지는 반면, 동성 상대의 몸은 익숙하죠.

조금씩 그 아이와 함께 다정한 몸짓의 접촉을 주고받습니다. 이 사랑이야말로 가장 강하고, 가장 아름답고, 가장 순수하다고 생각하죠. 여러분은 그 '또 다른 나'와 같이 애무와 키스를 하고, 때로 아주 은밀한 순간들까지 함께할 수도 있습니다.

여러분이 느끼는 이 혼란이 여러분이 곧 동성애자라는 것을 의미하지는 않습니다. 사춘기는 사실 아무것도 고정되지 않은 시기로 감정이 매우 빨리 변합니다. 때로는 이런 시기가 필요하죠. 자기 몸이 변하고, 다른 사람들과의 관계가 변화하는 과정에서 진짜 '나'는 누구인지 발견하도록 해주기 때문입니다.

그런 감정은 보통 단 한 사람에게서만 느낄 겁니다. 그리고 그 혼란은 잦아들 거예요. 이후에는 다른 이성과 함께하는 사랑의 쾌감을 찾게 될 겁니다. 자신을 동성애자라고 결론짓기 전에 여러분의 감정, 욕망, 성향이 어떻게 변하는지 기다리면서 지켜보세요. 하지만 여러분이 실제로 동성애자라는 것을 알게 된다 해도 하늘이 무너진 듯 너무 걱정하지는 말아요.

요즘은 동성애에 대한 이해의 폭이 넓어졌고 또 전보다 잘 받아들여지고 있습니다. 동성애자들은 그들이 원하는 성 정체성으로 살아갈 수 있지요.

사랑에 빠진 우정

여자아이가 늘 가장 친한 친구하고만 하루를 보냅니다. 남자아이는 가장 친한 친구가 없으면 아무것도 안 하네요. 사랑에 빠진 우정의 시기입니다. 우리는 동성의 학교 친구에게 충동을 느낍니다. 이 모든 것을 어떻게 이해해야 할지 모르겠고요. 우리가 동성애자라는 뜻일까요? 꼭 그런 것은 아니랍니다. 답은 시간만이 말해 주겠죠.

여러분도 언젠가는 섹스를 하게 될 겁니다. 불행히도 성관계에서는 여러분이 예상하지 못한 결과가 생길 수 있습니다. 바로 여자가 임신을 하고 아이를 낳게 되는 거죠.

미성년자라도 아기를 임신할 수야 있죠. 그 자체는 문제없을 수도 있어요. 하지만 그 아이를 키우기에는 어려움이 아주 클 겁니다. 실제로 나이가 14, 15세면 돈도 벌지 않고 부모님과 함께 살기 마련이니까요. 그리고 아이를 돌볼 수 있을 정도로 성숙하고 책임감이 있느냐 하면, 반드시 그런 것도 아닐 겁니다. 14세에 임신하는 건 평생을 뒤죽박죽 엉망으로 만들 수 있지요. 첫 생리를 시작할 때부터 여자들은 임신을 할 수 있습니다. 성관계를 갖는다면 말이죠. 그리고 남자들은 첫 사정부터 난자를 수정시킬 수 있고요. 확실히 말하자면, 남자와 여자는 13세부터 아이를 가질 수 있습니다. 그러니까 나는 이제 겨우 처음인데 임신할 리 없을 거라고 확신하지 마세요.

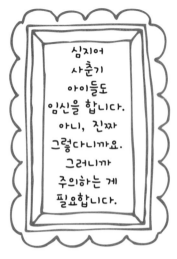

심지어 사춘기 아이들도 임신을 합니다. 아니, 진짜 그렇다니까요. 그러니까 주의하는 게 필요합니다.

임신이 되었다는 징후는 쉽게 알아볼 수 있습니다. 생리가 늦어지고 계속 구역질이 나오죠. 그리고 가슴이 커집니다.

의심스러우면 임신 테스트를 해보세요. 이 테스트는 소변에 섞인 임신 관련 호르몬을 감지해냅니다. 약국에서 테스트기를 팔지요.

네 배를 보니까 축구 연습이 기억났어!

나 거기 가봐야 돼!

106

매우 신뢰할 수 있는 테스트로 값이 비싸지는 않습니다. 보건소에서도 임신 검사를 해줍니다.

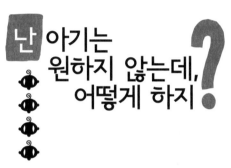

난 아기는 원하지 않는데, 어떻게 하지?

성관계를 하면서도 아이는 갖지 않기 위해서 사람들은 피임법을 생각해냈습니다. 피임법의 목표는 정자와 난자의 수정

피임약
피임약은 1956년에 미국에서 발명되었어요. 원리는 단순합니다. 피임약에 함유되어 있는 호르몬이 배란을 막습니다.
배란이란 성숙한 난자가 난소에서 나와 나팔관 속에서 정자를 만나 수정될 수 있는 시기가 되었다는 걸 뜻합니다.
피임약으로 배란을 막는다는 건 난자가 난소에서 나오지 않도록 한다는 거예요. 그래서 성관계시 남성의 몸에서 배출된 정자들이 나팔관에 당도해도, 그곳에서 난자라고는 도무지 만나지 못 하죠.

을 막는 것입니다. 수정이 안
되면 임신은 불가능하지요.

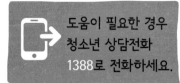

도움이 필요한 경우
청소년 상담전화
1388로 전화하세요.

피임약은 경구 피임법입니
다. 즉 약을 입에 넣고 삼킵니다. 피임약 복용으로 효과를 보려
면, 지시사항을 아주 정확하게 지켜야 하죠. 특히, 약 먹는 것
을 절대 잊지 말아야 합니다. 피임약은 약 한 알을 먹는다고 바
로 효과가 나오지 않습니다. 여러 알을 정기적으로 복용해야죠.
피임약은 작은 판에 스물한 알의 약정이 들어 있는 형태입니다.
21일 동안 하루에 한 개씩 먹어야 합니다. 그리고 21일이 지나
면, 7일 동안은 약을 먹지 않죠. 이 7일 동안 생리가 일어나게
됩니다. 이렇게 7일 동안은 약 복용을 중지했다가, 다시 21개 약

사후피임약

사후피임약은 되도록 빠른 시간 안에 복용해야 하지만 성관계 후 최
대 3일 내까지 효과가 있습니다.
사후피임약은 다량의 호르몬을 함유하고 있습니다. 배란을 막는 것
은 아니며, 수정된 난자를 맞이하러 자궁 속에 점막이 형성되는 것을
방해하죠. 그러니까 사후피임약은 수정된 난자를 자궁 밖으로 쫓아
내는 기능을 하는 거죠. 사후피임약의 작용은 일반적인 피임약의 경
우보다 훨씬 더 급격히 이루어집니다. 그렇기 때문에 정기적으로 사
용하는 건 안 되며, 매우 급할 경우에만 사용해야 합니다.
사후피임약은 처방전이 있어야 약국에서 구입할 수 있습니다.

정 복용을 시작하는 거죠.

피임약은 건강을 해칠 염려가 없고, 수 년 동안 복용할 수 있습니다. 그렇지만 약 복용을 멈추면 다시 임신할 수 있게 되니 주의해야 합니다.

피임약에는 여러 종류가 있습니다. 그렇기 때문에 산부인과 의사와 상담하는 게 좋습니다. 상담 후 자기 몸에 가장 잘 맞는 피임약 처방을 받을 수 있습니다. 친한 친구나 어머니의 피임약을 대신 복용하는 일은 없도록 해야죠. 피임약에는 또 다른 이점도 있습니다. 심한 생리통이 완화되고, 여드름이 줄어들죠.

남성용 피임법으로는 콘돔이 있습니다. 처방전 없이 약국, 편의점이나 자동판매기에서 살 수 있죠. 콘돔이 효과를 잘 발휘하려면 끝에 작은 꼭지가 달려 있는 것이 좋습니다. 꼭지가 있기 때문에 사정된 정액이 콘돔을 팽창시키지 않아서 찢어질 위험이 없죠.

더 편한 걸 원한다면 윤활제가 포함된 콘돔을 쓰세요. 삽입

을 쉽게 할 수 있도록 도와주는 물질이 콘돔에 발라져 있거든
요. 또 심지어 바닐라 향이나 딸기 향이 나는 콘돔도 있답니다.
각자 자기 마음에 드는 것을 선택하면 됩니다.

콘돔

콘돔은 남성이 쓸 수 있는 유일한 피임법입니다. 아주 얇은 고무로 된 싸개죠. 성관계를 하기 전마다 발기된 음경 위에 덮어 씌우는 것이죠.

콘돔은 정액이 여성의 질 속으로 흘러 들어가는 것을 막습니다. 정자가 난자를 만나 수정되는 것을 불가능하게 만들어 버리는 거죠. 콘돔이 잘못 끼워지거나, 찢어지지 않았는지 잘 살펴야 합니다. 그런 경우 정액이 빠져 나갈 수 있으니까요. 그러니까 콘돔으로 100퍼센트 피임을 할 수 있는 건 아닙니다. 잘못 끼워졌거나, 찢어진 경우 그 콘돔은 버리고 새 콘돔을 끼워야 합니다. 콘돔은 한 번만 사용하고, 한 번에 한 개만 쓴다는 것 잊지 마세요.

단지 콘돔 상자에 테스트 통과를 뜻하는 마크가 붙어 있는지 확인하세요. 마크가 있다면, 충분히 튼튼한 거죠.

성경험이 있는 여성들은 다른 피임법도 쓸 수 있습니다. 성관계 초기에는 보통 사용하지 않는 방법들입니다. 이 방법들은 자기 몸에 대해 잘 알고 있어야만 하거든요.

콘돔 씌운 고추

살정제는 정자를 죽이고 정자가 자궁으로 나아가는 활동을 방해하는 화학물질입니다. 크림이나 젤처럼 스

며들 수 있는 물질로 돼 있습니다. 성관계 전에 질 속에 바릅니다.

페서리는 작은 원 가운데에 얇은 고무막이 팽팽하게 당겨져 있는 형태의 피임기구입니다. 자궁 경부에 씌워서 정자의 자궁 진입을 막습니다. 피임 효과를 높이기 위해 페서리에 살정제 크림을 바르기도 합니다.

자궁 내 피임기구는 산부인과 의사가 자궁 안에 집어넣는 장치입니다. 수정된 난자가 자궁에 착상하는 것을 막지요. 자궁 내 피임기구는 2~3년 동안 효력을 발휘합니다. 그리고 출산 경험이 있는 여성만 사용할 수 있습니다.

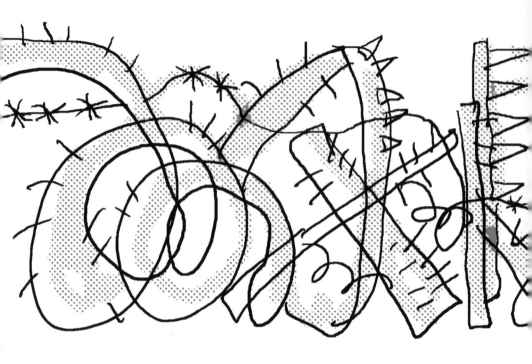

'자연'피임법을 쓸 수도 있습니다. 임신 가능 기간 동안 금욕
생활을 한다거나, 질외사정을 하는 거죠.

하지만 자연피임법을 절대적으로 신뢰해서는 안 됩니다. 피임
약 같은 화학물질의 도움을 받는 것도 아니고, 콘돔처럼 고무로
된 방벽으로 막거나 살정제를 쓰는 것도 아니니까요. 금욕 생활
은 배란기 동안 모든 성행위를 피하는 겁니다. 그렇지만 배란이
언제 일어나는지 정확하게 아는 것은 결코 쉬운 일이 아닙니다.

질외사정은 남성이 사정하기 전에 자신의 성기를 여성의 성

기로부터 빼는 것입니다. 하지만 사정 전에도 정액은 나올 수 있답니다. 그리고 불과 한 방울의 정액이라도 그 속에는 수백만 개의 정자가 들어 있죠. 난자 하나를 수정시키기에는 충분한 양입니다.

자연피임법이 정말 효과가 없는 이유를 이젠 알겠죠.

임신을 막기 위한 방법이 정말 많이 있군요!

임신 중절이 뭐지?

낙태 또는 임신 중절은 피임법이 아닙니다. 의사는 임신 중절 수술을 해서 여성의 자궁 속에서 성장을 시작한 배아를 긁어 냅니다. 임신 상태를 끝내는 거죠.

임신 중절 수술은 우리가 쉽게 할 수 있는 일이 아닙니다. 그건 정말 수술이고, 정신적으로도 극복하기 어려운 시련입니다. 피임약이나 콘돔 같은 피임법을 사용함으로써 임신 중절 수술까지 가지 않도록 해야 합니다.

낙태

한국에서는 낙태가 몇몇 특수한 경우에만 허용됩니다. 성폭행이나 근친상간으로 인한 임신이나 산모의 건강이 위험할 때, 태아에 심한 유전적 질환이 있을 때에 한해서만 허용 됩니다.

성 매개성 질환(SEXUALLY TRANSMITTED DISEASES, STD)은 그 이름에서 보듯 성관계를 통해서 감염되는 질병입니다. 두 사람 중 한 사람이 감염되어 있다면, 다른 사람에게 충분히 질병을 옮길 수 있는 거죠. 이 질병의 원인은 음경이나 질을 감염시키는 세균입니다. 가장 흔한 성 매개성 질환으로는 클라미디아, 콘딜로마, 생식기 헤르페스가 있습니다.

클라미디아 감염은 세균 때문에 일어납니다. 감염된 남성의

성기에서 이상한 액체가 흘러나오죠. 소변을 볼 때 통증이 올 수도 있습니다.

여성들에게 성 매개성 질환은 대개 질에서 이상 분비물이 나오는 것으로 증상이 나타납니다. 클라미디아 감염은 항생제 요법을 쓰면 이후 증상이 사라집니다.

콘딜로마는 음경 또는 자궁 입구에 작은 사마귀들이 생기는 증상을 보입니다. 외과 수술로 제거 가능하죠.

성 매개성 질환은 보기 좋은 일이 아니에요.

생식기 헤르페스는 질 입구나 음경 끝에 작은 부스럼 같은 게 생기면서 나타납니다. 부스럼이 생긴 뒤에는 성기가 욱신대고 염증이 일어나죠. 헤르페스 때문에 생긴 부스럼 상처를 아물게 하고 낫게 하는 여러 가지 약들이 있습니다. 하지만 어떤 치료법도 생식기 헤르페스 바이러스를 완전히 파괴하지는 못 합니다. 다시 말해, 평생 동안 부스럼이 주기적으로 재발할 수 있다는 거죠. 매독 또한 매우 전염성이 높은 STD입니다.

다른 STD들도 보통 성기 부위의 염증이나 타는 듯한 느낌, 음경이나 질에서 흘러나오는 이상 분비물로 모습을 드러냅니다. 이 같은 증상들 중 하나라도 관찰된다면, 되도록 빨리 의사의 진료를 받으세요. 이 질환들은 치료 시기를 놓치면 불임의 원인이 되기도 하니까요. 의사가 적절한 치료를 해줄 겁니다. 항생제 처방이 가장 흔한 방법이죠. 아주 효과적이고요. 특별한 증상은 없지만, 그냥 좀 의심이 들 때도 가급적 의사 진료를 받으세요. 제대로 알아보기 위한 검사를 받을 수 있을 겁니다.

둘이서 만드는 이야기

성관계를 하는 것은 둘이고, 둘 다 감염될 수 있다는 사실을 잊지 마세요. 내가 STD에 김염되었다면, 함께 성관계를 했던 사람에게 즉시 그 사실을 알리세요. 그 사람도 치료를 받아야 하니까요. 그렇게 하지 않으면 치료받는 것이 아무 소용도 없죠. 기쁨을 나눠 갖듯 난처한 일도 나눠 갖게 됩니다. 그러니 또 치료법도 나눠 가져야겠지요.

B형간염도 위험해!

B형간염은 성관계를 통해서도 옮겨집니다. 신체기관 안에 바이러스가 있는지 여부를 혈액 검사로 확인할 수 있습니다. B형간염 바이러스는 대체로 감염된 사람이 감염 사실을 인지하기 전에 사라집니다. 감염된 사람 중 25퍼센트 정도는 황달의 형태로 증상이 나타납니다. 황달은 얼굴색이 누렇게 되는 간 질환이죠.

불행하게도 10퍼센트는 바이러스가 몸속에 머물며, 10년이나 15년쯤 후에 심각한 간 질환을 일으킬 수 있습니다.

B형간염은 혈액으로도 옮겨집니다. 이 바이러스는 또한 타액

속에도 있죠. 그렇지만 현재로서는 과학자들도 정말 이 질병이 타액을 통해서도 옮겨지는지 모릅니다. 한 가지는 확실하죠. B형간염은 땀이 묻는다거나 악수 같은 단순 접촉으로는 옮겨지지 않습니다.

B형간염은 예방백신이 있습니다. 사춘기에 접종하는 것이 권장되지요. 아직 백신 접종을 하지 않았다면 의사에게 물어보세요. 바로 접종할 수 있을 겁니다.

에이즈 바이러스 또는 후천성 면역결핍증은 성관계로 옮겨집니다. 혈액으로도 옮겨지고요. 그래서 주사기를 돌려 쓰는 마약 중독자들은 위험하지요. 주사 바늘에 감염된 혈액이 단 한 방울만이라도 묻어 있으면 충분히 다른 사람에게 바이러스를 옮길 수 있기 때문입니다. 이미 사용한 주사바늘을 가지고 노는 일도 절대 해서는 안 되는 이유를 알겠죠? 우연히 스치듯 찔

리기만 해도 감염될 수 있거든요.

에이즈 바이러스는 백혈구를 공격합
니다. 백혈구는 우리 몸속의 여러 기
관들을 모든 감염으로부터 보호해주
는 세포들이죠. 그래서 에이즈에 감염된
사람은 많은 감염성 질환에 시달리게 됩니
다. 더 이상 세균들에 맞서 싸울 수 없는 몸이 돼 버렸기 때문
입니다.

에이즈 백신은
아직
나와 있지
않습니다.

에이즈에 감염되었다고 바이러스가 즉시 공격을 개시하는 것
은 아닙니다. 바이러스가 분명히 혈액 속에 있지만, 얼마간 잠
들어 있는 거죠. 이 단계에서는 감염된 사람을 에이즈 바이러
스 보균자라 합니다. 에이즈에 감염되었는지 여부는 혈액검사
를 해 보면 알 수 있습니다.

B형간염과는 달리 에이즈 백신은 어디에도 없습니다. 그리고
현재까지는 이 질병을 치유할 수 있는 약도 전혀 없죠. 대신 환
자들이 삶을 더 오래, 더 건강하게 살 수 있도록 도와주는 치
료법은 있습니다. 여러 가지 약을 배합해서 쓰는 치료법이죠.

에이즈 바이러스와 싸우는 일을 애당초 겪지 않도록 해야 합
니다. 그러기 위한 가장 확실한 방법은 바이러스의 몸속 진입을

막는 것입니다. 여기에 방법은 단 한 가지뿐이죠. 성관계를 할 때 콘돔을 사용하는 것입니다.

콘돔은 사실상 음경과 질 사이에 일어나는 모든 직접적인 접촉을 막아줍니다. 이 고무 방벽은 정액에 들어 있을지 모르는 바이러스를 차단합니다. 또한 세균이 한 사람의 몸에서 다른 사람의 몸으로 이동하는 것도 막죠. 그러니까 콘돔은 에이즈, B형간염, STD로부터 우리 몸을 보호해주는 겁니다.

그리고 여자가 피임약을 먹는다고 성 매개 질환을 피해갈 수 있는 것은 전혀 아닙니다. 이렇게 믿는 사람들이 종종 있는데 주의하세요. 여성은 항상 상대에게 콘돔을 끼우라고 요구해야 합니다. 콘돔은 첫 성관계부터 조건반사처럼 사용하는 것, 잊지 마세요.

청소년의 연애와 성

'남녀칠세부동석'은 이제 정말 옛말이다. 2013년 서울시청소년문화연구조사에서, 초등학교 6학년의 41.4%가 연애 경험이 있다고 답했다. 그중 여자 초등학생은 47.4%로, 36%가 경험 있다고 답한 남자 초등학생보다 훨씬 조숙함을 확인할 수 있다. 스킨십 경험은 손잡기 40%, 포옹 23%, 뽀뽀 10%, 성관계 2.6% 순이었다. 중학생은 37.8%가 연애 경험이 있다고 답했다. 역시 남녀 차이가 커서, 여자 중학생은 43.3%, 남자 중학생은 31.9%였다. 남녀의 차이는 고등학생이 돼서 없어진다. 고등학생의 46.3%가 연애 경험이 있으며, 남녀의 차이는 없다.

당연하겠지만, 나이가 올라갈수록 스킨십의 수위와 횟수가 늘어난다. 중학생은 데이트를 할 때 스킨십 경험을 손잡기 43.8%, 포옹 26.1%, 키스 10.5%, 몸 만지기 1.2%, 성관계 1% 순으로 답했다. 반면 고등학생은 포옹 26.2%, 키스 2.7%, 손잡기 21.6%, 성관계 13.7% 등의 순이었다. 데이트에서 스킨십이 전혀 없다고 답한 고등학생은 6.5%에 불과했다.

문제는 많은 청소년들이 자신의 성적 감정을 적극적으로 확인하고 실천하고 있지만, 그에 대한 조언은 잘 얻지 못한다는 점이다. 청소년들은 누가 고백을 할 것인가에 대한 문제부터 시작해서 데이트 비용이나 스킨십, 성관계나 피임 같은 실제적인 문제에서 보다 적극적으로 도움을 청할 필요가 있다.

성 충동 다스리기

연애를 하든 안 하든 사춘기와 함께 많은 청소년들이 성적 충동을 느끼기 시작한다. 이른바 '야동' 등 성 표현물에 대한 관심도 폭발적으로 커진다. 19금 음란물로 분류되는 성 표현물(야동, 야사, 야설 등)을 본 적이 없는 고등학생은 8.9%에 불과하다. 그중 남자 고등학생의 경우는 96.7%가 음란물을 한 번이라도 접해봤으며, 여학생의 경우는 85.2%다. 남학생들은 사실상 다 봤다고 봐도 될 것이다.

연애 경험에서는 여학생이 남학생들보다 앞서지만 성 충동은 남학생이 훨씬 많이 느끼고, 적극적으로 해소하려 한다. 여학생들은 성 충동을 느껴본 적이 없는 경우가 절반가량 되고, 해소 방법도 다른 생각을 하거나(12.7%) 운동과 취미생활을 하는 것(11.6%)인 반면, 남학생들은 90%가 성 충동을 느껴봤으며 자위로 해결하는 경우(29.7%)가 가장 많았고, 다음이 운동(24.0%)이었다.

성은 본능적인 욕구이지만, 인간은 이런 본능적인 충동을 발산해도 될 경우와 자제해야 할 경우를 구분할 줄 알아야 한다. 특히 성 충동 해소에 보다 더 적극적 성향을 보이는 남자에게 이런 주의 의무 역시 더 주어지는 것 아닐까.

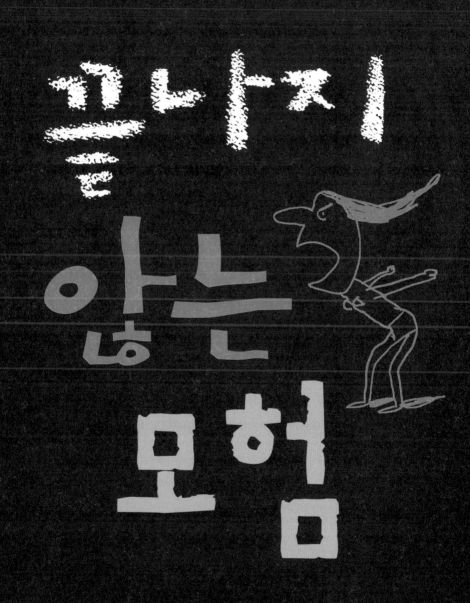

성(性)을 알아간다는 건 여행과 비슷합니다. 새로운 발견의 설렘과 두려움, 기쁨과 실망이 함께한다는 점에서 말이죠.

조금은 특별한 이 여행에서는 그에 합당한 준비가 돼 있어야 하고, 다른 사람을 알아갈 준비도 돼 있어야만 합니다. 그리고 주고받을 준비도 돼 있어야 하죠. 미리부터 수천 가지 질문을 던지며 괴로워하지는 마세요. 이 여행은 앞으로 평생 동안 하게 될 거니까요.

이 단계를 급하게 건너뛰려 하지는 마세요. 이제까지 놀던 어린 시절의 강가를 너무 빨리 떠나려 하다가 실망하게 될 수 있습니다. 이런 모험을 시작할 때 짐을 제대로 챙겨 오지 못해 후회하게 되면 얼마나 안타깝겠어요. 또 성인들이 갖고 있는 수천 가지 '비밀'을 시작부터 모두 밝혀내려고도 하지 마세요.

그 여행을 단순하게 시작하세요. 항구들을 거쳐 갈 때마다, 조금씩 자기만의 경험을 쌓게 될 겁니다. 자기에게 기쁨을 주는 것뿐만 아니라 옆에 있는 사람을 기쁘게 하는 법도 발견하게 될 테죠. 성(性)은 언제나 둘이서 하는 여행이라는 걸 잊지 마세요. 여행이 기쁨과 애정 속에서 이뤄지려면, 함께하는 사람을 존중해야만 합니다.

평생 섹스를 한다니, 와!

여러분도 언젠가는 첫 발자국을 떼기 위해 용기를 내게 될 겁니다. 그리고 섹스를 하게 되겠죠. 첫경험 말입니다. 그리고 두번째가 있을 거고 또 세번째도 있을 겁니다.

여러분은 평생 동안 섹스를 할 겁니다. 물론 평생 날마다 성관계를 갖는 건 아니죠. 어떤 시기 동안은 성관계를 하지 않을 겁니다. 몇 주 혹은 몇 달이 될 수도 있죠. 사랑하는 사람이 없어서일 수도 있고, 일이 바빠서일 수도 있고, 몸이 아파서일 수도 있고 아니면 그저 단순히 하기 싫어서 안 할 수도 있지요.

> 난 섹스하기 싫어.
> 왜? 뭐?

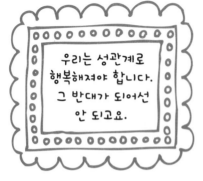

우리는 성관계로
행복해져야 합니다.
그 반대가 되어선
안 되고요.

사춘기를 겪고 더 시간이 지나서는 성인이 됩니다. 성생활은 인생, 만남, 행복과 괴로움 같은 것들에 밀접하게 영향을 받을 것입니다. 인생에서 성이 중요하다지만 우리는 한쪽으로 치우치는 일 없이 성과 일상 사이의 균형을 잡아야 하죠. 우리 삶은 성을 희생시키면서 진행돼서는 안 됩니다. 동시에, 성관계가 삶을 망쳐 버릴 수 있는 문젯거리가 되어서도 안 되겠죠.

성관계는 우리가 활짝 피어날 수 있도록 도와줍니다. 하지만 그렇다고 해서 내키지 않는데도 억지로 해야 하는 건 아닙니다. 그 반대죠. 진실한 교감과 신뢰로 이루어진 관계에서 두 사람 모두가 원하는 것이 되어야 합니다.

성 관 계

위험! 주의!

감정, 공유, 애정, 이해, 대화, 상대에 대한 존중. 참된 성(性)을 위해서는 필수적인 단어들입니다. 그런데 이와 달리 성관계에

위협, 강요, 폭력, 두려움, 혐오와 치욕이 따라 붙는다면 여러분은 그 상황을 반드시 멈춰야 합니다. 강간, 소아성애, 근친상간. 이 세 범죄는 법에 의해 엄격하게 처벌받도록 정해져 있습니다.

자신이 결코 겪고 싶지 않았던 경험을 이야기하는 것이 수치스럽게 느껴지더라도, 마음속 깊은 곳에서부터 내가 겪었던 일이 혐오스럽더라도. 그 일에 대해 말해야만 합니다.

그건 바로 고통에 종지부를 찍기 위해서입니다. 죽을 만큼 괴로워도 살기 위해서, 살아갈 힘을 되찾기 위해서죠.

피해자는 여러분이라는 걸 잊지 마세요. 여러분이 원하지 않은 관계를 억지로 강요한 사람이 아니라요.

그건 정말 싫어요!

어떤 사람이 위협이나 폭력으로 다른 사람에게 억지로 성관계를 갖는 것이 강간입니다. 삽입을 하면 강간이 되지요. 이건 매우 심각한 성범죄입니다. 강간 피해자들은 모두 가해자를 경찰에 고발할 수 있고, 해야만 합니다. 강간 여부를 확인하려고 의사가 피해자를 진찰할 것입니다. 13세 미만 청소년을 강간했을 경우, 가해자는 징역 15년형까지 처벌받을 수 있습니다.

강간만큼 중한 범죄는 아니지만 이외에도 여러 형태의 성폭력이 있습니다. 누군가 다른 사람에게 자신의 성기를 쓰다듬게 한다면 강간은 아니지만 강제추행이라는 성폭행에 해당합니다. 13세 미만 청소년을 강제추행했을 경우, 가해자는 징역 9년형까지 처벌받을 수 있습니다.

마지막으로 노출증 환자가 있습니다. 거리나 지하철에서 자신의 성기를 내보이는 사람이죠. 발작적으로 성적인 돌발 행동을 하는 겁니다. 그런 일을 저지르면 중형까지는 받지 않겠지만 경찰에 체포되어 죗값을 치러야 합니다.

아주 못된 어른들!

소아성애자는 어린아이나 청소년과의 성관계를 더 좋아하는 성인을 말합니다. 이 성인들은 정상적인 사람들이 아니죠. 더구나 소아성애는 법에 처벌받도록 되어 있습니다. 언론에서 소아성애에 대해 이야기하는 일이 점점 더 늘어나고 있습니다. 요즘에는 청소년들이 이런 사람들을 고발하는 데 주저하지 않기 때문이죠. 경찰과 사법기관 역시 이 범죄자들에 더 적극적으로

대응하고 있습니다.

소아성애자들은 강간범으로 처벌받습니다. 13세 미만 청소년과 성관계를 가졌다면 징역 8년형까지 받을 수 있습니다. 사법기관에서는 13세 미만 청소년이 성인과 성관계를 하겠다는 데 합의할 수 있다고 보지 않습니다. 즉 사실상 강간으로 보는 거죠.

가까운 사이도 → 위험!

어른들이 흔히 낯선 사람을 조심하라고 하지만, 때로는 아는 사람이 더 위험할 수 있습니다. 사실 성폭행의 경우는 서로 아는 사이에서 더 많이 벌어집니다. 그리고 가까운 친족이 성폭행

가해자인 경우도 드물지 않습니다. 끔찍한 일이지만, 심지어는 형제나 부모가 가해자일 때도 있습니다. 가까운 사이에서 벌어지는 일일수록 밖으로 잘 드러나지 않기 때문에, 근친 성폭행은 아마 우리의 짐작보다 상당히 많을 것입니다.

자신이 겪은 일에 대해 입을 다물어서는 안 됩니다.

　친족 관계에서는 대개 나이 많은 쪽이 가해자가 되므로, 성관계나 성적인 애무를 하려고 어린 피해자를 이런저런 방식으로 위협하곤 합니다. 가끔은 폭력을 쓰기도 하죠. 반대로 '예뻐서 그랬다' '사랑해서 그랬다'며, 마치 가족 간에 있을 수 있는 사랑의 표현인 양 피해자를 설득하기도 합니다. 그래서 그 관계가 비밀로 남아야 한다는 점을 납득시켜 내기도 하지요. 이렇게 되면 확실히 피해자는 고발할 용기를 잘 내지 못하죠.

　근친 성폭행은 인간으로서 견디기 어려운 고통을 줍니다. 매를 맞고 있든 아니든 어린 피해자는 공포와 수치감에 휩싸입니다. 가해자에 대해 매우 혼란스러운 감정을 갖게 되고요. 그런 가운데서도 증오감은 걷잡을 수 없이 커집니다. 이 상황이 정상이 아니라는 것을 마음 깊이 느끼기 때문이죠. 그렇지만 함부로 신고할 생각을 하지 못합니다. 아이가 알고 있는 세상의 성적 학대 신고는 여성긴급전화 1366으로 하세요. 국가에서 운영하는 도움의 전화입니다. 여러분의 이야기를 주의 깊게 들어줄 것입니다. 경찰에 연락해줄 수도 있고요.

전부나 다름없는 게 가족인데, 그 안에서 벌어진 일이니까요. 게다가 피해자가 된 아이는 누구에게 이 얘기를 해야 좋을지 모릅니다. 다른 이들의 반응도 두렵고요. 누가 아이를 믿어 줄까요?

그래도 다른 어른에게 이 얘기를 반드시 해야 합니다. 그렇지 않으면, 끔찍한 상황이 더 길어질 것입니다. 이 때문에 평생 동안 고통을 받게 될 것이란 점을 생각해야 합니다. 여러분이 이런 상황에 처해 있든지, 아니면 친구가 이런 상황일 때 이용할 수 있는 상담전화가 있습니다. 친족 안에서 벌어진 성폭력은 다른 경우보다 더욱 엄하게 처벌받습니다. 반드시 신고하세요.

사랑은 정말 아름다워! ♡

다행스럽게도 대체로 성(性)의 발견은 끔찍한 시련을 거치지 않고 전개됩니다. 사랑 속에서 진행되죠. 우리가 사랑하고, 모든 난관을 뛰어넘어 간절히 원하는 사람과 섹스를 한다는 것은 진정한 행복입니다. 사랑은 사실 우리 삶 전체에 마법을 걸죠. 우리가 사랑할 때는 일상의 아주 작은 행동들도 놀라운 일이 됩니다! 자신을 변화시킬 만큼 깊은 사랑을 원하지 않을 수도 있습니다. 그저 성적으로 원하기 때문에 어떤 사람과 성관계를 갖는 일도 있을 수 있습니다. 이런 관계에서도 당연히 쾌감과 경험은 확실히 얻을 겁니다. 하지만 사랑과 욕망이 함께 일으키는 너무나도 특별한 감정은 절대 느끼지 못할 거예요.

그렇기에 커플에게 성관계는 중요한 일입니다. 여러분은 이런 관계가 시간이 갈수록 지겨워질 거라고 생각할지도 모르겠군요. 어떤 사람들은 그렇게 믿기도 합니다. '항상 같은 사람과 섹스를 한다니, 정말 지겹겠군!' 오래 사랑을 나눈 사람과 섹스를 할 때 더 편하고 즐겁게 할 수 있다는 것을 잊고 있는 거지요. 그리고 경험이 쌓이면서, 우리는 새로운 성적 쾌감과 성적 감정을 계속해서 발견하죠.

사람들은 나이 마흔에 열여덟 살 때와 같은 방식으로 성생활을 하지 않습니다. 그래서 성(性)이란 진정한 모험과도 비슷하다고 하는 거죠. 우리는 우리의 몸과 감정을 발견하기 위해 모험

모험은

우리의 것

을 떠납니다. 그러면서 다른 사람들과 우리 자신에 대해 알게 되는 법을 배우죠. 진실한 마음으로 섹스를 할 때 우리는 다른 사람에게 우리의 강함과 약함, 욕망과 두려움, 우리 자신의 모습을 고스란히 보여줍니다. 이런 이유로 우리는 성을 두려워하면서도 동시에 거기에 매혹되죠.

그러니 여러분이 인생의 이 은밀한 부분을 발견하리라 결심하는 날에는 부디 행복하기를 바랍니다. 자신과 함께, 그리고 다른 사람과 함께 떠나는 긴 모험이 드디어 시작되겠군요.

평생의 섹스

첫경험을 겪는 나이가 차츰 어려지는 추세이지만 2012년 조사에 따르면 한국인이 첫경험을 하는 나이는 평균 22.1세라고 한다. 성인이 되고 나서도 몇 년 후인 것이다. 청소년들이 빨리 경험하려고 조바심 낼 필요는 없을 것이다.

2013년 서울시청소년성문화연구조사에 따르면 성경험이 있는 청소년(중고등학생) 비율은 7.4%로 나타났다. 그렇지만 준비되지 않는 성관계는 문제를 일으키기 쉽다. 실제로 성경험이 있는 청소년 중 25%가 임신을 경험했으며, 여자는 11.1%가 남자는 8.4%가 성관련 질환을 겪은 적이 있다고 한다.(2013년 청소년건강행태조사) 전체의 60%가 콘돔을 사용하지 않는 등 부족한 성의식 탓이라 볼 수 있다.

청소년들이 성관계를 하는 이유로는 남녀 모두 '사랑을 확인하기 위해서'(21.2%)와 '호기심'(20.1%)이 가장 높았다. 그렇지만 성관계 후 얻게 된 것에서는 '별로 얻은 게 없다'는 응답이 가장 많았다.(28.4%) 특히 여자아이들은 이 응답이 53.8%에 달했다. 다음은 '성적 쾌감'(24.5%), '서로의 사랑을 확인하게 되었다'(19.5%), '호기심이 해결되었다'(10.0%) 등의 순이었다. 성관계가 생각만큼 황홀하고 환상적인 경험은 아니었던 것이다.

날로 늘어나는 청소년 대상 성범죄

얼마나 많은 청소년이 성범죄의 피해자가 될까? 2012년에서 2014년 7월까지 20세 이하 성범죄 피해자가 2만3873명이었다. 이는 전체 피해자의 36.3%를 차지하는 비율이다. 또한 아동과 청소년을 대상으로 한 성범죄는 계속 늘어나는 추세다.

성폭력 피해를 입은 아동과 청소년 및 지적장애인을 돕기 위한 전담기관으로 '해바라기 여성·아동센터'가 있다. 성폭력 피해자에 대해 상담, 의료, 심리치료, 법률지원 서비스를 제공해준다.

명칭	위탁기관	홈페이지	연락처
서울센터	서울대병원	www.help0365.or.kr	02-3672-0365
경기센터	아주대병원	www.ggsunflower.or.kr	031-216-1117
부산센터	동아대병원	www.bswomannchild.or.kr	051-244-1375
경북센터	선린병원	www.gbsunflower.or.kr	054-245-5933
전남센터	목포중앙병원	www.jnsunflower.or.kr	061-285-1375
울산센터	울산병원	www.ussunflower.or.kr	052-265-1375
강원센터	강원대병원	www.gwsunflower.or.kr	033-252-1375
강원영동센터	강릉동인병원	www.sunflower6447.or.kr	033-652-9843

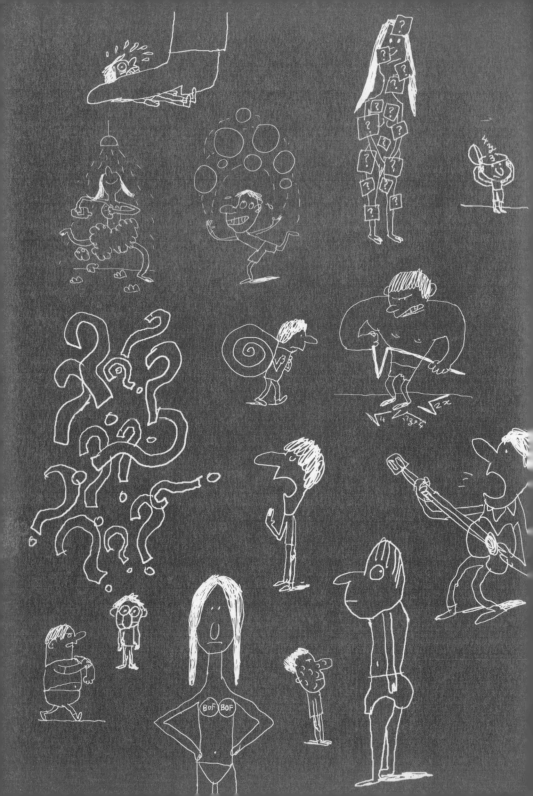